A guerra do Espírito

A. W. Tozer

A guerra do Espírito

Rito religioso *versus* presença permanente de Cristo

Compilado por Harry Verploegh

Vida

Editora Vida
Rua Conde de Sarzedas, 246 – Liberdade
CEP 01512-070 – São Paulo, SP
Tel.: 0 xx 11 2618 7000
atendimento@editoravida.com.br
www.editoravida.com.br

Todos os grifos são do autor.

■

Todas as citações bíblicas e de terceiros foram adaptadas segundo o Acordo Ortográfico da Língua Portuguesa, assinado em 1990, em vigor desde janeiro de 2009.

Editor responsável: Gisele Romão da Cruz
Editor-assistente: Amanda Santos
Tradução: Maria Emília de Oliveira
Revisão de tradução: Josemar de Souza Pinto
Revisão de provas: Lettera Editorial
Diagramação: Claudia Fatel Lino
Capa: Arte Vida

1. edição: mar. 2022

Dados Internacionais de Catalogação na Publicação (CIP)
(Câmara Brasileira do Livro, SP, Brasil)

Tozer, A. W. (Aiden Wilson), 1897-1963
A guerra do espírito : rito religioso versus presença permanente de Cristo / A. W. Tozer ; compilado por Harry Verploegh ; [tradução Maria Emília de Oliveira]. -- 1. ed. -- São Paulo : Editora Vida, 2022.

Título original: *The Warfare of the Spirit*
ISBN 978-65-5584-273-9
e-ISBN 978-65-5584-272-2

1. Aliança Cristã e Missionária - Sermões
2. Sermões americanos - Século 20 I. Verploegh, Harry. II. Título.

22-101847 CDD-248.48

Índices para catálogo sistemático:
1. Aliança Cristã e Missionária : Sermões : Vida cristã 248.48
Cibele Maria Dias - Bibliotecária - CRB-8/9427

Sumário

Prefácio

Nós, filhos de Ada Pfautz Tozer e Aiden Wilson Tozer, somos gratos a Deus por eles. Nossos pais nos deixaram uma rica herança cristã, ensinamentos sólidos e abnegação constante. Apesar de continuarmos a apreciar os escritos e os sermões de A. W. Tozer a distância, vimos em casa, de perto, que eles acreditavam sinceramente nas verdades que nosso pai pregava e quanto estavam determinados a viver segundo o Espírito.

Os conselhos, a dedicação, a ajuda e o encorajamento de nossa mãe foram fundamentais para o trabalho de nosso pai. Ele não poderia ter vivido como viveu ou trabalhado como trabalhou se ela não tivesse sido paciente, forte e disposta a assumir o lado penoso da vida em nosso lar turbulento. Sua encantadora disposição e sorriso radiante, sua hospitalidade, amor e carinho a todos ao redor proporcionaram felicidade ao lar e segurança à nossa vida.

Nossos pais deram-nos um lar centrado em Cristo e na Bíblia, tendo a igreja como uma grande parte de nossa vida. Aos domingos, durante o jantar após o culto, éramos convidados a tecer comentários sobre o sermão, e até mesmo os comentários mais tolos eram ouvidos e discutidos como se fossem importantes, dando sequência à troca de ideias sobre a Escritura, música ou um assunto tão simples como a origem de uma palavra de nosso vocabulário. A conversa era séria, mas sempre recheada de humor e brincadeiras para que todos participassem. Nossos pais esforçavam-se para que houvesse camaradagem entre nós durante essas reuniões; ela, fazendo o possível para que todos fossem ouvidos e ninguém saísse magoado; ele, insistindo em atacar a lógica imperfeita e zombando das ideias "universitárias" de seus filhos supercultos.

A orientação que recebemos não nos foi transmitida por pressão nem por regras rígidas, mas por respeito e alta expectativa, conversa franca, amor e exemplo de vida, sempre mantendo diante de nós tudo o que é importante agora e o será no mundo vindouro.

Somos gratos pela oportunidade que recebemos por ocasião da publicação desta última parte da série de coleções dos editoriais de nosso pai, para reconhecer publicamente a dívida que temos para com Deus pelos pais que ele nos deu.

Lowell, Forrest, Aiden Jr., Wendell, Raleigh, Stanley, Rebecca

CAPÍTULO 1

A guerra do Espírito

Há uma espécie de dualismo em nosso mundo pecaminoso que é responsável pela maioria das perseguições sofridas pelos fiéis ao Senhor desde os tempos de Caim e Abel.

Há dois espíritos na terra: o Espírito de Deus e o espírito de Satanás, e há uma inimizade eterna entre eles. A causa evidente do ódio religioso tem muitas origens; a causa verdadeira é quase sempre a mesma: a antiga animosidade de Satanás com Deus e com seu Reino desde sua vergonhosa queda. Satanás sente um desejo ardente de ter domínio ilimitado sobre a família humana; e, sempre que essa ambição maldosa é desafiada pelo Espírito de Deus, Satanás revida invariavelmente com fúria animalesca.

O mundo odiou Jesus sem motivo. Apesar das grotescas acusações contra ele, os contemporâneos de Cristo não encontraram nada em suas doutrinas ou ações que produzisse a raiva irracional que o mundo demonstrava constantemente em relação a ele. O mundo odiou Cristo não pelo que ele dizia ou fazia, mas pelo que ele era.

É possível, dentro das dádivas da graça redentora, entrar em um estado de união com Cristo tão perfeito ao qual o mundo reagirá instintivamente em relação a nós do mesmo modo que reagiu em relação a Cristo em sua forma humana.

Nós, cristãos, deveríamos sentir vergonha por provocar um entusiasmo que não passa de puro tédio no coração das multidões incrédulas. Elas nos recebem com um sorriso de tolerância ou nos ignoram totalmente, e esse silêncio é um pressentimento e um sinal. Isso pode nos causar noites de lágrimas e horas de autoexame em oração.

É o Espírito de Cristo em nós que atrai o furor de Satanás. As pessoas que pertencem ao mundo não se preocupam muito com aquilo em que acreditamos e olham distraídas para nossas formas religiosas, mas há uma coisa da qual nunca nos perdoarão — a presença do Espírito de Deus em nosso coração. Desconhecem a causa desse sentimento estranho de antagonismo que surge dentro delas, mas é um sentimento verdadeiro e perigoso. Satanás nunca cessará de declarar guerra contra o filho do Homem, e a alma na qual habita o Espírito de Cristo continuará a ser o alvo de seus ataques.

CAPÍTULO 2

A questão do dinheiro necessita ser reestudada com oração

Primeira parte

A questão do dinheiro e de seu lugar na igreja exige um reestudo com base nas Sagradas Escrituras, acompanhado de oração. O assunto todo deve ser reavaliado e ajustado para estar em conformidade com os ensinamentos de Cristo.

Se o Novo Testamento é, segundo afirmamos, a fonte de tudo aquilo em que devemos crer a respeito das coisas espirituais, então há um motivo verdadeiro para nos inquietar com as atuais práticas financeiras entre as igrejas evangélicas. No momento, não estou pensando no uso que cada cristão faz de seu dinheiro, mas no lugar que o dinheiro ocupa no pensamento e nas práticas das igrejas e sociedades cristãs organizadas.

A verdade cristã deve ser encontrada não apenas nas palavras, mas também no clima e espírito do Novo Testamento. A vida de nosso Senhor no mundo foi tão reveladora quanto suas palavras. Sua maneira de sentir em relação às coisas, os valores que atribuía a elas, suas aprovações e desaprovações são, às vezes, tão reveladores quanto seus ensinamentos formais.

Uma verdade que podemos aprender com a vida de Cristo e com sua doutrina é que as riquezas terrenas não proporcionam felicidade humana. É difícil para uma igreja rica entender que seu Senhor foi pobre. Se ele aparecesse hoje nas ruas de nossa cidade como apareceu em Jerusalém, é bem provável que seria recolhido como um andarilho qualquer. Se ensinasse aqui o que ensinou às multidões sobre dinheiro, seria colocado na lista negra das igrejas, das conferências bíblicas e sociedades missionárias de todas as partes como um homem insensato, fanático e perigoso à religião organizada.

Nosso Senhor simplesmente não pensava no dinheiro como pensam seus seguidores de hoje que professam seu nome; e mais especificamente não dava ao dinheiro o lugar que nossos líderes religiosos dão. Para os religiosos, o dinheiro é necessário; para Cristo, não era. Ele não tinha onde reclinar a cabeça, e romantizamos sua pobreza, embora sejamos extremamente cautelosos em não falar dela. Apoiamos sua clara declaração de que é impossível um rico entrar no Reino dos céus. Misturamos o ensinamento de Cristo com os ensinamentos de Benjamin Franklin e dos filósofos do cifrão do dólar que os Estados Unidos têm produzido em abundância, e os ensinamentos de Cristo perderam o significado para nós.

As finanças da igreja fazem parte da vida da igreja e são benéficas e corretas, mas há um perigo permanente de que se tornem importantes demais no modo de pensar dos oficiais da igreja e passem, aos poucos, a tomar o lugar de coisas mais essenciais. Em nossas congregações locais e em outras organizações evangélicas, há sinais que deveriam causar-nos grande preocupação, sinais de degeneração e decadência que podem resultar em morte espiritual se não forem descobertas e verificadas.

De modo mais específico, alguns de nossos líderes religiosos parecem ter desenvolvido uma mente mercantilizada e se tornaram juízes de tudo em razão do efeito que causam nas finanças da igreja. Aquilo que a igreja pode ou não fazer é decidido pela tesouraria. A despesa espiritual é determinada pela receita financeira, sem margem para milagre e sem o reconhecimento de um ministério espiritual desvinculado do dinheiro. Essa prática desastrosa resulta de uma atitude errada em relação a toda a questão financeira referente à religião.

Algo terrível acontece em qualquer igreja quando o tesoureiro começa a exercer poder. Presumindo que seja um homem de Deus, ele deve ocupar um lugar igual ao de qualquer outro membro da igreja, e, se for um homem com dons e virtudes, exercerá naturalmente alguma influência entre os irmãos. Isso é certo e normal desde que ele exerça sua influência como homem de Deus, não como tesoureiro. No momento em que ele se torna importante *pelo fato de* ser tesoureiro, o Espírito se entristece e suas manifestações começam a diminuir. Seguem-se, então, frieza e esterilidade espiritual, que tentamos resolver com apelos dramáticos a Deus por avivamento. E o avivamento nunca chega porque estamos violando as leis de Deus e forçando o Espírito a retirar de nós o seu poder.

Repetindo, um sinal de perigo se acende quando um membro da igreja é adulado por sua generosidade e recebe lugar de destaque na igreja, desproporcional aos seus dons e graças espirituais. Adular um cristão por suas contribuições financeiras é uma atitude tão vil quanto se casar com um homem por causa de seu dinheiro. Lisonjear um homem por um motivo qualquer é degradante para nós e coloca sua alma em perigo. Lisonjear um homem por suas volumosas contribuições financeiras é também uma afronta oculta, pois, por trás dos elogios e sorrisos maliciosos, há uma opinião velada de que seu dinheiro é mais importante e mais valorizado que ele próprio.

A Bíblia tem muito a dizer sobre o dinheiro e seu lugar na obra e no culto de adoração da igreja. É possível conduzir nosso pensamento e nossas práticas de acordo com a vontade de Deus nesse assunto e também em todos os outros.

CAPÍTULO 3

A questão do dinheiro necessita ser reestudada com oração

Segunda parte

Cristo comparou seus seguidores a crianças e ovelhas e destacou que as aves e os lírios do campo têm lições valiosas para nós.

Essas quatro pequenas criaturas diferem grandemente umas das outras, mas possuem um traço em comum: não se preocupam com nada. Não têm problemas financeiros. Vivem naturalmente, de modo simples, sem tensão, e Deus cuida delas. É o que nosso Senhor deseja que aprendamos a fazer individualmente como cristãos, e a mesma tendência deve caracterizar cada igreja e cada instituição cristã de qualquer tipo.

Nós, nas igrejas, parecemos incapazes de passar por cima da filosofia fiscal que domina o mundo comercial. Introduzimos nas finanças de nossa igreja a psicologia das grandes instituições seculares tão conhecidas de todos nós e julgamos uma igreja pelo seu relatório financeiro, da mesma forma que julgamos um banco ou uma loja de departamentos.

Uma olhada na história convencerá rapidamente qualquer pessoa de que a igreja verdadeira já sofreu mais com prosperidade que com pobreza. Seus tempos de maior poder espiritual coincidiram, em geral, com períodos de miséria e rejeição; a riqueza foi acompanhada de enfraquecimento e apostasia. Se isso não pode ser explicado, aparentemente não pode ser evitado. As pessoas simplesmente seguem sua natureza; e, afinal, a igreja compõe-se de pessoas.

É um fato bem conhecido que a autoridade exige dinheiro para manter-se no poder, e o mesmo ocorre com a autoridade eclesiástica. O aperto econômico não passa despercebido nos círculos religiosos e sempre foi o artifício do Diabo, quer seja usado por uma igreja para trazer um pastor ousado em uma ocasião oportuna, quer seja usado por líderes denominacionais para forçar uma igreja local a entrar na linha. Tais abusos só são possíveis porque nos permitimos ficar enredados nos métodos antibíblicos da questão financeira da igreja.

O ponto que desejo destacar aqui é que, embora o dinheiro ocupe um lugar apropriado na vida total da igreja militante, a tendência é atribuir a ele uma importância muito maior daquilo que é correto do ponto de vista bíblico e moral. A igreja em geral estabeleceu-se de tal forma em termos organizacionais e financeiros que Deus passou a ser desnecessário a ela. Sua autoridade está tão arraigada e os hábitos religiosos de seus membros são tão estáveis que Deus poderia retirar-se completamente da igreja, como se ela pudesse caminhar anos e anos com as próprias pernas. E o mesmo se aplica às conferências e escolas bíblicas e sociedades missionárias.

É particularmente lamentável que as atividades das igrejas e sociedades tenham de ser reduzidas para se enquadrarem na receita real ou prevista. Pense nas raízes dessa prática e você verá que ela tenta forçar o poder do Espírito de Deus a depender da condição da economia do país ou da variação dos níveis salariais em diferentes localidades. Se os membros de uma igreja local não contribuírem com dízimos e ofertas, aquela igreja verá suas realizações diminuídas estatisticamente falando, é verdade, mas as realizações sempre dependerão da condição espiritual da igreja, não de sua condição financeira. A condição financeira será boa se as pessoas forem piedosas; ou se forem generosas, porém pobres, o Espírito Santo dará frutos de grandes proporções ao seu relatório financeiro. O fruto da igreja condiz com sua espiritualidade básica, nunca com sua condição financeira.

A história das igrejas e denominações segue bem de perto um padrão uniforme: começa pobre e com poder; firma-se até chegar a um ponto no qual não há riscos e proporciona segurança financeira; passa a ser aceita pela sociedade; não necessita da intervenção divina; mantém Cristo como testa de ferro, despreza sua soberania e segue as tradições dos presbíteros; oferece ao pastor uma recompensa em forma de aposentadoria por velhice em troca de sua fidelidade; coloca um número suficiente de pessoas em funções de poder que lucram financeiramente com a prosperidade do grupo. Depois disso vem o *requiescat in pace*,[1] e a tragédia de tudo isso é que ninguém sabe que ele está morto.

Nenhuma igreja ou denominação necessita seguir esse caminho se os membros detectarem a tendência antes que seja tarde demais. Mas eu duvido. Estamos tão ligados ao relatório financeiro que nos habituamos a esquecer quem somos e qual é o nosso chamado. Qualquer um pode fazer o possível; acrescente um pouco de coragem e zelo, e alguns farão algo fenomenal. Somente os cristãos têm o dever de

[1] Oração para que o morto descanse em paz.

fazer o impossível. Se nossa fé fosse como a de Sansão e pudéssemos arrebentar as cordas que nos prendem, veríamos mais uma vez que as despesas de uma igreja podem ser maiores que sua receita, da mesma forma que Deus é maior que as circunstâncias. Poderíamos ver demonstrado diante de nossos olhos como Deus faz maravilhas quando seu povo deixa espaço para milagres.

CAPÍTULO 4

Somos alpinistas sociais evangélicos?

Tradicionalmente, o cristianismo é a religião do povo comum. Sempre que as classes mais altas o definem em números, ele morre. A respeitabilidade quase sempre se mostra desastrosa para ele.

Há dois motivos por trás disso, um humano e outro divino.

Schleiermacher destacou que no fundo de toda religião há uma sensação de dependência por parte da criatura, uma sensação de desamparo. O homem simples que vive perto das coisas do mundo vive também perto da morte e sabe que necessita buscar ajuda dos outros; sabe que está apenas a um passo da catástrofe. Quando sobe na hierarquia social e econômica, cerca-se de mais instrumentos de proteção e empurra o perigo (assim ele pensa) para mais e mais longe de si. A autoconfiança remove o sentimento de dependência que um dia ele conheceu, e Deus passa a ser menos necessário. Se ele parasse de pensar nisso, saberia que não deve pôr sua confiança em coisas e pessoas. Somos, porém, tão machucados por nossa queda moral que temos a capacidade de enganar completamente a nós mesmos e, se as condições forem favoráveis, manteremos a decepção pelo resto da vida.

A sensação de segurança que a riqueza e o *status* trazem vem acompanhada de um orgulho arrogante que tranca a porta do coração ao Salvador que aguarda do lado de fora. O homem muito importante que imaginamos ser pode, de fato, honrar uma igreja ao filiar-se a ela, mas não há vida nesse ato. Sua religião é externa, e sua fé, nominal. A respeitabilidade consciente o destruiu.

O segundo motivo pelo qual o cristianismo tende a declinar quando seus seguidores sobem na hierarquia social é que Deus não respeitará pessoas nem dividirá sua glória com ninguém. Paulo discorre sobre o assunto de forma suficientemente clara em sua primeira epístola aos Coríntios:

> Porque a loucura de Deus é mais sábia que a sabedoria humana, e a fraqueza de Deus é mais forte que a força do homem. Irmãos, pensem no que vocês eram quando foram chamados. Poucos eram sábios segundo os padrões humanos; poucos eram poderosos; poucos eram de nobre nascimento. Mas Deus escolheu o que para o mundo é loucura para envergonhar os sábios e escolheu o que para o mundo é fraqueza para envergonhar o que é forte. Ele escolheu o que para o mundo é insignificante, desprezado e o que nada é, para reduzir a nada o que é, a fim de que ninguém se vanglorie diante dele (1.25-29).

Quando enviou seu Filho para redimir a humanidade, Deus enviou-o à casa de um trabalhador, e o Filho cresceu para ser o que chamamos hoje de rústico. Quando o Filho se apresentou a Israel e iniciou seu ministério terreno, foi rejeitado pelos religiosos fanáticos e teve de procurar seguidores quase exclusivamente entre pessoas pobres e simples. Quando o Espírito veio e a igreja foi fundada, seus primeiros membros eram os socialmente inaceitáveis. Durante gerações, a igreja atraiu pessoas das classes mais baixas para compô-la, com algumas exceções aqui e ali, e Saulo de Tarso foi o mais célebre.

Durante os séculos desde o Pentecoste, o caminho do cristianismo verdadeiro seguiu paralelamente e de modo muito semelhante ao que Jesus andou quando esteve aqui na terra: foi rejeitado pelos grandes e aceito pelos humildes. A igreja institucionalizada certamente não era pobre, nem lhe faltavam homens importantes e poderosos para aumentar sua membresia. Mas essa grande igreja não tinha nenhum poder. Quase sempre, a aprovação de Deus recaiu sobre os grupos pequenos e marginais, cujos integrantes eram desprezados na vida e só conseguiram conquistar aceitação depois de muitos anos após sua morte.

Hoje nós, evangélicos, mostramos sinais de que estamos nos tornando muito ricos e muito importantes para o nosso próprio bem. Com um curioso desrespeito pelas lições da história, passamos o tempo lutando para ser reconhecidos pelo mundo e aceitos pela sociedade. E estamos vencendo as duas lutas. Os grandes e poderosos olham para nós. O mundo parece estar prestes a passar para o nosso lado e unir-se a nós. É claro que precisamos fazer algumas concessões, mas quase todas já foram feitas, com exceção de um acordo aqui e outro ali sobre assuntos como inspiração verbal, criação especial, separação e tolerância religiosa.

O cristianismo evangélico está se tornando rapidamente a religião dos burgueses. Os ricos, os pertencentes à classe média alta, os que se destacam na política, as celebridades estão aceitando nossa religião aos milhares e estacionando seus carros de luxo do lado de fora da igreja, proporcionando alegria incontrolável aos nossos líderes religiosos, que parecem estar completamente cegos ao fato de que a grande maioria desses novos patrões do Senhor da glória não mudou em nada seus hábitos morais nem mostra provas da verdadeira conversão que teria sido aceita pelos pais consagrados que construíram a igreja.

Sim, a história é uma ótima professora, mas não pode ensinar quem não quer aprender. E, pelo jeito, nós também não queremos.

CAPÍTULO 5

Coroando o bobo da corte

Antigamente, costumava-se coroar o rei e amarrar uma capa e um sino ao corpo do bobo da corte; hoje coroamos o bobo da corte e amarramos uma lata ao corpo do rei.

O bobo da corte, como todo leitor de histórias sabe, era um palhaço ou comediante profissional contratado pela corte com a finalidade de proporcionar um pouco de diversão ao rei para aliviá-lo dos assuntos sérios, e às vezes perigosos, de governar o país.

O antigo palhaço, ou bufão, ocupava uma posição única, conquistada por ter senso de humor e talento para divertir pessoas. Era amado por sua habilidade de sacudir uma reunião de nobres com seu humor capaz de provocar gargalhadas, às vezes dirigido a um dos homens importantes presentes ou até ao próprio rei, embora fosse um pouco arriscado fazer do rei o alvo da brincadeira, porque o palhaço não sabia se Sua Majestade aceitaria a brincadeira com naturalidade e riria com o resto do pessoal ou se mandaria alguém chicoteá-lo e lançá-lo no cárcere por sua impertinência. Na melhor das hipóteses, ele era tratado com o carinho demonstrado a um animal de estimação; na pior das hipóteses, recebia chutes e era algemado por fazer uma brincadeira muito evidente ou porque não conseguia pensar em nada engraçado quando Sua Majestade assim o exigia.

Ao ver que nós, seres humanos, fomos criados à imagem de Deus e que em razão de nosso pecado caímos em um estado de cegueira espiritual e mortalidade, prefiro ser um bobalhão sério e preocupado com a vida eterna a ser um palhaço bem remunerado sem ter nada a fazer senão provocar risos nos homens e esquecer que eles vão morrer e ser julgados.

Certamente é incrível quando o artista é mais apreciado pelo público que o médico, o enfermeiro e o estadista que carregam nos ombros as esperanças de gerações inteiras. No entanto, é o que ocorre hoje em nossa sociedade manifestamente civilizada. Nos Estados Unidos, o bobo da corte de hoje usa coroa e governa a mente de milhões de súditos sorridentes que não desejam nada maior ou melhor na vida que jogar os sapatos para longe e passar uma noite superdivertida ouvindo anedotas antigas e obsoletas contadas pelo atual bobo da corte da realeza, seja ele quem for.

O fato de suas piadas hilariantes terem sido escritas por outros e lidas por ele aparentemente não mancha sua coroa de ouro aos olhos dos súditos que o adoram. Ele ainda recebe homenagens espontâneas das multidões que preferem gargalhar insensatamente a chorar por seus pecados.

Sim, coroamos o bobo da corte e desprezamos os reis verdadeiros entre nós: o lavrador que trabalha de sol a sol, o professor que envelhece tentando transformar em damas e cavalheiros os garotos e garotas que entregamos aos seus cuidados, o médico que trouxe meninos e meninas a este mundo e que acompanha a saúde deles durante o crescimento, o policial na esquina que dá uma sensação de segurança às nossas ruas, o soldado cujo sangue foi derramado em favor de nosso país uma centena de vezes no decorrer da história, o estadista patriota que se esforça para tornar e manter livre o nosso país. São pessoas mal remuneradas, esquecidas e em geral toleradas enquanto o bobo da corte desfila orgulhosamente diante do mundo como se fosse um rei, não o palhaço insignificante que ele é.

Não há muita probabilidade de mudanças a curto prazo. Não sou ingênuo a ponto de pensar que este meu protesto vai mudar a situação neste mundo dominado pelo pecado e por 2 hábitos inalteráveis, mas espero que os filhos de Deus entendam. Em geral, os cristãos só percebem essas coisas quando lhes são mostradas.

CAPÍTULO 6

Não permita que ninguém se torne indispensável a você

Todo cristão teve, ou terá um dia, a experiência de apoiar-se firmemente no exemplo de alguém mais sábio e mais espiritual que ele próprio para buscar conselho e orientação na vida cristã.

Essa atitude é adequada e bíblica e não deve ser condenada. Feliz é o recém-nascido em Cristo que é capaz de encontrar uma alma pura e santa para servir-lhe de exemplo e com quem possa aprender os caminhos do Reino. Tal pessoa pode agir como mentor para salvar o novo cristão de muitos erros e armadilhas nas quais ele poderia cair.

As Escrituras mencionam várias vezes esse assunto e apresentam numerosos exemplos. Josué teve Moisés como exemplo de vida, Eliseu teve Elias e Timóteo teve Paulo. As Escrituras falam claramente da humildade dos mais jovens dispostos a aprender e da paciência dos mais velhos dispostos a ensinar. Se Moisés, por exemplo, tivesse se afastado do jovem Josué para não ser incomodado por ele, a história de Israel teria sido diferente, como teria sido também se Josué tivesse sido orgulhoso e autoconfiante demais para sentar-se aos pés de Moisés.

O relacionamento entre mestre e discípulo é normal e saudável até certo ponto; depois disso, torna-se prejudicial tanto para o mestre quanto para o discípulo. É maravilhoso ver um bebezinho sendo amamentado, mas uma criança de 4 anos de idade que ainda não foi desmamada causa danos a ela própria em termos físicos e psicológicos. Essa anormalidade reflete na inteligência da criança e na competência e sabedoria da mãe.

Eliseu acompanhou Elias até ter aprendido com ele tudo o que um homem idoso poderia ensinar-lhe; então, Deus arrebatou Elias, e o jovem ficou sozinho. O maior elogio à capacidade de Elias como mestre espiritual foi concedido por nada mais, nada menos, que o próprio Senhor quando levou o mestre para o céu e deixou o discípulo sozinho para dar continuidade à missão. O idoso homem de Deus havia terminado sua obra com sucesso, e o mais jovem não necessitava mais dele.

Esse tipo de situação tem sido repetido numerosas vezes ao longo dos séculos; o mestre torna-se desnecessário e passa o bastão adiante, e o discípulo levanta-se e começa a andar sem se apoiar em ninguém. É assim que tem de ser, porque o mestre não pode ser um apoio permanente. O tempo leva-o embora, e a verdade tem de ser transmitida por aqueles a quem o mestre ensinou e inspirou quando caminhou entre eles. Se o mestre não ensinou bem ou o discípulo não aprendeu bem, a obra de Deus será prejudicada e parará e, como consequência, o mundo ficará mais pobre.

A quem possui um entendimento avançado para ouvir, eu diria: *jamais permita que alguém se torne indispensável para você*. Seja submisso o suficiente para aprender com o humilde e sábio o suficiente para aprender com o erudito. Seja rápido para aproveitar as experiências dos outros e permaneça alerta à voz da sabedoria, seja qual for a direção da qual ela venha.

Assim como a abelha voa à procura de néctar onde as flores são mais encorpadas, você também deve procurar néctar espiritual onde é mais provável ser encontrado, ou seja, entre os cristãos mais consagrados, mais piedosos e mais experientes.

Todo homem tem uma contribuição a dar à sua vida se você souber recebê-la; alguns homens o deixarão atônito com a capacidade de responder à sua pergunta não expressa em palavras e dizer o que se passa em seu coração. Nunca, porém, se apegue a nenhum homem como parasita. Não adote ninguém como *guru*. Com exceção dos escritores inspirados das Sagradas Escrituras, nenhum homem é digno de tal confiança. O mais dócil de todos os homens piedosos pode estar errado.

Repito, nunca permita que alguém se torne indispensável para você. Somente Cristo é necessário. Sem ele, somos completamente insignificantes; sem ele, não podemos viver e não ousamos morrer. Nossa necessidade dele é verdadeira e vital e durará até a eternidade. Essa necessidade profunda e desesperada é suprida por Cristo de modo tão completo que, quando temos Cristo, não necessitamos de mais ninguém. Podemos receber ajuda de nossos companheiros cristãos, e eles de nós, mas nossa necessidade deles é relativa e fugaz. Não devemos permitir que ninguém se torne espiritualmente indispensável para nós nem devemos nos afastar da Rocha para construir uma casa sobre areia movediça.

Há necessidade de profunda consagração, admito, e completo desligamento dos interesses do mundo para chegar a esse lugar de independência. Somente depois que nos tornamos completamente dependentes de Deus é que podemos caminhar sem nos apoiar em seres humanos. Há necessidade de muita oração e contemplação silenciosa para manter o bom equilíbrio que nos permitirá receber ajuda de nossos companheiros cristãos e, ao mesmo tempo, ser agradavelmente independentes deles. Mas não devemos entrar em desespero; isso não está além das possibilidades da graça. Nem mesmo para cristãos tão fracos quanto nós.

CAPÍTULO 7

A arte de fazer o bem com discrição

Primeira parte

Somos chamados a fazer o bem

A Bíblia e o exemplo de Cristo deixam claro que os cristãos vivem neste mundo para fazer o bem.

Uma passagem diz que Cristo "andou por toda parte fazendo o bem e curando todos os oprimidos pelo Diabo, porque Deus estava com ele" (Atos 10.38). Além de ministrar cura e instruir o povo mostrando a verdade, ele se envolveu em outro tipo de atividade, que o Espírito chama simplesmente de "fazer o bem".

"[...] porque neste mundo somos como ele" (1João 4.17). Nós, que somos um povo que se chama pelo seu nome,[2] temos a obrigação de imitar seus atos de bondade. No ensino cristão atual, costuma-se assumir que as obras que fomos chamados a realizar são milagres. É muito mais fácil aplicar cada passagem que fala a respeito das boas obras a algo grandioso e dramático do que aceitá-la como se as boas obras fossem uma tarefa simples e humilde de misericórdia, como fornecer roupas aos despidos e alimentar os famintos. Nós, do rebanho

[2] V. 2Crônicas 7.14. [N. do T.]

evangélico, somos muito mais facilmente persuadidos a orar a noite inteira para que Deus realize um milagre do que arregaçar as mangas e ajudar um vizinho.

Não há dúvida de que essas atividades prevalecem sobre as obras de caridade. A primeira é a obra de testemunhar a graça e o poder de Deus como revelados por meio de Jesus Cristo. Atos 1.8 diz: "Mas receberão poder quando o Espírito Santo descer sobre vocês, e serão minhas testemunhas [...]".

A segunda obra que o cristão é chamado a fazer é ser um exemplo piedoso diante de um mundo ímpio.

"Vocês são a luz do mundo. [...] Assim brilhe a luz de vocês diante dos homens, para que vejam as suas boas obras e glorifiquem ao Pai de vocês, que está nos céus" (Mateus 5.14,16).

A respeito disso, Paulo exortou seu amigo Timóteo: "Ninguém o despreze pelo fato de você ser jovem, mas seja um exemplo para os fiéis na palavra, no procedimento, no amor, na fé e na pureza" (1Timóteo 4.12).

A terceira responsabilidade que o cristão tem em relação ao seu companheiro também cristão e em relação ao mundo é fazer, na linguagem de outros, "todo o bem que você puder, a todas as pessoas que puder, de todas as maneiras que puder, enquanto puder".

As Escrituras apresentam uma descrição encantadora da mulher ideal, e uma característica presente é a prática de boas obras. A descrição da mulher exemplar feita por Lemuel no capítulo 31 de Provérbios mostra-nos uma que não é apenas moralmente pura, mas também trabalhadora e diligente. E, junto com suas atividades domésticas, ela consegue também realizar muitas boas obras aos outros: "Acolhe os necessitados e estende as mãos aos pobres" (v. 20). Paulo ordena que as mulheres cristãs da igreja primitiva "se vistam modestamente, com decência e discrição, não se adornando com tranças e com ouro [...] mas com boas obras [...]" (1Timóteo 2.9,10). Antes de uma mulher idosa ser "inscrita na lista de viúvas" (obviamente ser recebida na primeira casa cristã de repouso para idosos), tinha de ser provado que, além de professar ser cristã, tratava-se de uma pessoa "bem conhecida por suas boas obras, tais como criar filhos, ser hospitaleira, lavar os pés dos santos, socorrer os atribulados e dedicar-se a todo tipo de boa obra" (5.10).

O teste das boas obras, que Paulo estabeleceu para as mulheres, aplica-se aos homens também. Em uma passagem claramente dirigida aos homens, o apóstolo exorta que "não sejam arrogantes, nem ponham sua esperança na incerteza da riqueza, mas em Deus, que de tudo nos provê ricamente, para a nossa satisfação. [...] que pratiquem o bem, sejam ricos em boas obras, generosos e prontos a repartir" (6.17,18).

Alguns cristãos sentem pouca ou nenhuma simpatia pelos que não pertencem ao rebanho. Sugere-se que ajuda seja concedida a um ser humano infeliz e que esta pergunta seja feita imediatamente: "Ele é cristão?" ou "Ele merece nosso auxílio?".

Essa atitude é errada por vários motivos e totalmente indigna daqueles que se chamam pelo sagrado nome de Cristo. Se temos de ajudar apenas os merecedores, quem são eles? O cristão pode esconder seus bens e ter consciência limpa, com base na ideia de que ajudaria os pobres se encontrasse um merecedor de tal ajuda. A traça e a ferrugem com certeza seriam merecedoras, e eles vão atrás delas; nesse meio-tempo, o cristão feliz canta hinos e distribui folhetos enquanto o pobre pede pão sem receber e as criancinhas choram à noite na hora de dormir sem ter ninguém para consolá-las.

No capítulo 6 de sua epístola aos Gálatas, Paulo estabelece para sempre o propósito de nossa responsabilidade cristã: "Portanto, enquanto temos oportunidade, façamos o bem a todos, especialmente aos da família da fé" (v. 10). Essas palavras se harmonizam com a verdade encontrada na história bastante conhecida do bom samaritano, na qual se define que nosso "próximo" é qualquer um que necessita de nós, quer ele seja de nossa família ou nacionalidade quer não. Não vejo como fugir da força desse duplo testemunho; e, para dizer a verdade, não creio que nenhuma pessoa sincera seja capaz.

Que devemos fazer o bem em nome de Cristo ninguém pode negar. Como fazer isso sem permitir que nossa mão esquerda saiba o que a direita está fazendo (v. Mateus 6.3) é uma arte que poucos conseguem aprender.

CAPÍTULO 8

A arte de fazer o bem com discrição

Segunda parte

A mão direita e a esquerda

Na pesquisa das Sagradas Escrituras, dois fatos necessitam ser encarados: um é que no conjunto da verdade revelada não existem contradições verdadeiras; o outro é que, às vezes, as contradições parecem estar presentes.

Admitir contradições é negar a infalibilidade da Palavra; negar que parecem estar presentes é uma insensatez que nos coloca à mercê de nossos inimigos.

Nos ensinamentos de nosso Senhor a respeito de boas obras, por exemplo, é fácil encontrarmos algumas aparentes incoerências. Em Mateus 5.16, ele diz claramente: "Assim brilhe a luz de vocês diante dos homens, para que vejam as suas boas obras e glorifiquem ao Pai de vocês, que está nos céus". As palavras "para que vejam" só podem significar que o propósito dele é que seu povo demonstre ter uma vida justa perante o mundo injusto, e as palavras "e glorifiquem ao Pai de vocês, que está nos céus" explicam por que ele deseja que elas sejam demonstradas; significam que ele pode dar um exemplo de piedade, que exercerá forte influência nas pessoas que não seriam afetadas de outra forma.

Isso é muito fácil. A aparente contradição vem a seguir quando o Senhor diz: "Tenham o cuidado de não praticar suas 'obras de justiça' diante dos outros para serem vistos por eles. Se fizerem isso, vocês não terão nenhuma recompensa do Pai celestial. [...] Mas, quando você der esmola, que a sua mão esquerda não saiba o que está fazendo a direita" (6.1,3).

Aqui o Senhor parece, apenas parece, cancelar suas instruções dadas alguns momentos antes. Francamente, parece que em um lugar ele diz "façam" e no outro "não façam". Cristo, por ser a encarnação da verdade, não pode proferir contradições. Tem de haver uma explicação para preservar a unidade orgânica de seus ensinamentos e reconciliar as duas passagens. Creio que haja.

Em um lugar, nosso Senhor fala da conduta moral e, na verdade, diz: "Andem pelo mundo e tenham uma vida tão pura e boa que seus companheiros não possam deixar de ver; e, quando virem, glorificarão a Deus, que concedeu esse poder moral aos homens". Em outras palavras, ele diz: "Não façam uma demonstração de seus atos de bondade. Quando ajudar seu próximo, quando ajudar o pobre, tenha certeza de que o motivo é certo. Veja se seu motivo é glorificar a Deus, não conquistar a fama vulgar de filantropo ou de grande doador. Não queira ser conhecido por sua generosidade, porque existe uma armadilha, e você deve evitá-la a todo custo".

Com base nos textos citados das Escrituras e em muitos outros, conseguimos reunir algumas verdades que podem ser resumidas nesta advertência: "Tenha uma vida pura e justa e não a esconda do mundo. Quanto lhe for possível, faça o bem a todos os homens, mas o faça com discrição a fim de não chamar a atenção para você mesmo nem constranger a pessoa que você está ajudando".

Sem dúvida, estamos aqui para fazer o bem, mas o bem que é feito com ostentação é destruído por ele próprio no ato. Atos de bondade são coisas frágeis, e temos de lidar com eles com cuidado para não se transformarem em grosseria e prejudicar quem os recebe.

É possível doar uma grande soma de dinheiro e estipular condições tão autoritárias para seu uso que destruirão o que poderia ter sido um ato virtuoso. Quase todos nós já nos divertimos ou ficamos aborrecidos com o rico extrovertido que pagou a conta do jantar com ar tão satisfeito que fez seu convidado sentir-se constrangido. Mas, por outro lado, conheço homens que costumam fazer favores a ponto de deixar a impressão de que foram os beneficiados, não os recebedores. Trata-se de uma arte bela e admirável, e rara de ser encontrada.

O cristão que deseja que suas boas obras sejam aceitas pelo Senhor devem tomar cuidado para não as exibir, e certamente terão o cuidado de não se vangloriar delas. E temos de lembrar que a pequena e simples negação que ouvimos com frequência — "digo isto para a glória de Deus" — não muda a qualidade moral das palavras que se seguem. Vanglória é vanglória, não importa de que modo ela se apresenta.

Repetindo, tenho observado que certos leigos endinheirados usam suas doações generosas como uma espécie de extorsão polida para que possam continuar a controlar os assuntos da igreja. E todos nós conhecemos o pregador que se permite ir longe demais; passa a dever favores a alguns congregados bem de vida e perde a independência. O pregador pertence a eles — comprado e remunerado — e, na companhia deles, não ousa jamais falar toda a verdade.

É uma graça espiritual ajudar as pessoas sem as constranger ou humilhar e sem criar um relacionamento de superioridade *versus* inferioridade. É uma arte que pode fazer bem de vez em quando, não sistematicamente, ou, como os adolescentes dizem, "não fazer onda em cima disso".

O mundo tem um ditado que diz que, se você quiser perder um amigo, faça-lhe um favor. Esse ditado é, sem dúvida, a clara explicação de muitas experiências amargas no toma lá dá cá das relações humanas.

No entanto, será que o erro recai apenas sobre um lado? Talvez, quando fizemos um favor a um amigo, tenhamos adotado uma atitude de superioridade que feriu o autorrespeito dele e o atingiu profundamente.

Com certeza, entre todas as pessoas, os cristãos deveriam saber melhor como receber favores sem subserviência e fazer o bem sem arrogância. Nosso Senhor foi mestre nessa arte; podemos aprender com ele.

CAPÍTULO 9

O que fez Davi correr?

Davi, filho de Jessé, o belemita, foi um homem importante e poderoso.

Ele tinha dez irmãos, mas não sabemos quase nada a respeito dos dez. Davi sozinho tem em seu poder a caneta da inspiração; somente Davi tem a honra de escrever, movido pelo Espírito Santo.

Sua importância como homem pode ser deduzida de sua recusa em morrer. Davi partiu deste mundo cerca de três mil anos atrás; a Terra girou três mil vezes ao redor do Sol desde que ele nos deixou; três mil vezes os gansos selvagens voaram grasnando em direção ao Sul e voltaram ao Norte com o retorno da primavera. Impérios surgiram, seguiram seu caminho e desapareceram; tronos foram derrubados; reis desfilaram como pavões por uns tempos no palco da história e, por fim, morreram e foram esquecidos ou quase esquecidos pelo mundo. Quantos homens ilustres apareceram e sumiram ao longo dos anos sem deixar vestígios maiores do que uma flecha quando corta o ar!

Davi, no entanto, não morrerá. Serviu à sua geração pela vontade de Deus e adormeceu, mas, mesmo adormecido, tem mais poder benéfico sobre os homens do que mil doutores religiosos e bispos que estão acordados. Ele não permitirá ser engolido pelo esquecimento nem se deitará em silêncio com os antigos em meio a pó e mofo. Davi era um simples pastor, mas se coloca na posição de ensinar os eruditos; teve uma vida isolada entre seu povo, mas sua voz é ouvida hoje em quase todos os países, e seus poemas genuínos são cantados em 500 idiomas. Dificilmente, o culto em uma igreja de qualquer lugar do mundo será realizado no próximo domingo sem que Davi, sem ser visto, dirija o coral, e, quando o pastor se levantar para pregar a verdade de Deus, provavelmente não voltará a sentar sem ter falado de Davi ou citado seus salmos inspirados.

O que faz Davi correr? Bom, admito ser extremamente ignorante a respeito do assunto todo, mas, se um cristão do Novo Testamento tem a permissão de analisar a vida de um rei do Antigo Testamento, arrisco algumas palavras.

Talvez a grandeza de Davi e sua importância para a humanidade esteja em sua completa concentração em Deus. Davi era judeu, enraizado na tradição levítica, mas nunca se perdeu nas formas da religião. "Sempre tenho o Senhor diante de mim" (Salmos 16.8a), ele disse certa vez, e repetiu, ou melhor, clamou, porque suas palavras vieram de seu interior como um clamor: "A minha alma tem sede de Deus, do Deus vivo. Quando poderei entrar para apresentar-me a Deus?" (42.2).

Davi tinha uma consciência aguçada de Deus. Para ele, Deus era alguém que valia a pena conhecer. Onde outros viam a natureza, Davi via Deus. Ele era de fato um poeta da natureza, mas via Deus em primeiro lugar e amava a natureza por amor a Deus. Wordsworth[3] inverteu a ordem e, apesar

[3] William Wordsworth, poeta romântico inglês (1770-1850). [N. do T.]

de ser grande, ele não se considera digno de desamarrar as correias das sandálias do homem Davi.

Davi foi também um homem possuído por Deus. Atirou-se aos pés de Deus e exigiu ser vencido por ele. Jeová respondeu assumindo o controle de sua personalidade e moldando-o como o oleiro molda o barro.

Por ser possuído por Deus, Davi foi ensinado por Deus. É quase impossível saber com certeza qual era o grau de instrução do grande Davi, mas podemos imaginar com segurança que ele recebeu apenas o que chamamos de educação formal. No entanto, ele tem ensinado milhões de pessoas e, no decorrer dos séculos, continua a ensinar poesia divina, teologia mística e a arte da adoração autêntica a todos os que têm ouvidos para ouvir.

De fato, talvez Davi estivesse cuidando de ovelhas quando deveria estar na sala de aula. Trata-se de uma pura e simples suposição. Mas não é suposição o fato que ele foi aluno durante a vida inteira, e a tarefa de cuidar de seu rebanho quando era pastor e o fardo que recebeu das nações quando foi coroado rei não o mantiveram longe do mais puro e mais nobre de todos os estudos, o estudo de Deus. Davi enviou seu coração à escola do Deus altíssimo e em pouco tempo passou a conhecê-lo com uma rapidez muito maior do que sonham as nossas filosofias. Ele conhecia o Jeová Eu Sou pela iluminação interior do Espírito Santo. Assim como o pássaro conhece a mata onde foi chocado e o coelho conhece o espinheiro onde nasceu, Davi conhecia Deus com uma doce familiaridade que foi santificada e purificada com temor piedoso e reverência.

O que fez Davi correr? O que faz uma criança correr com alegria nas manhãs de verão? O que faz o apaixonado à porta da casa onde mora sua amada? Davi foi um homem inebriado de Deus. Seu olhar fixou-se em Deus a tal ponto que foi arrebatado com um arroubo que nem sempre era possível reprimir. Quando ainda era jovem, na presença da arca santa, ele executou uma dança extasiante que encantou Deus na mesma proporção que enfureceu a insensível Mical.

Amo os salmos de Davi há muitos anos, antes mesmo de saber por quê. Volto a lê-los repetidas vezes, talvez mais que qualquer outro trecho da Escritura, e reprovo essa minha preferência, pois, afinal, eu era um cristão do Novo Testamento, e os Salmos pertencem ao Antigo. Um dia, li a frase de um livreto escrito por Horatius Bonar,[4] que dizia simplesmente: "O Espírito de Jesus habita nos Salmos". Entendi e fiquei satisfeito.

No Espírito, Davi conhecia e comunicava-se com aquele que seria seu filho de acordo com a carne, o qual, "mediante o Espírito de santidade *foi* declarado Filho de Deus com poder, pela sua ressurreição dentre os mortos" (Romanos 1.4). Foi o amor de Cristo que fez Davi correr. "Oh, o amor de Jesus! Que bendito amor!"

4 Poeta escocês e religioso (1808-1899). [N. do T.]

CAPÍTULO 10

Retribuição eterna – uma doutrina bíblica

Creio na retribuição eterna. Os que continuam impenitentes até o fim de sua vida terrena serão banidos para sempre da presença de Deus, e essa verdade é ensinada nas Escrituras de forma tão clara quanto a queda do homem e a ressurreição dos mortos.

A Bíblia é uma unidade orgânica, uma com ela mesma totalmente, e deve ser recebida *in toto* ou rejeitada *in toto*. Não me atrevo a selecionar as partes nas quais quero acreditar e excluir as que me perturbam ou me ofendem. Seria o mesmo que estabelecer minha razão falível como um critério contra o qual julgo a revelação infalível, o que, em si, é insensatez.

Embora seja verdade que estou diante da Bíblia para ser julgado, não a Bíblia diante de mim; embora seja verdade que sou moralmente obrigado a aceitar as Sagradas Escrituras e, pela luz que elas oferecem, preparar-me para que as Sagradas Escrituras possam me aceitar, pelo fato de ser um pensador sério e responsável, devo admitir que, às vezes, é difícil saber com precisão o que as Escrituras ensinam a respeito de determinado assunto. Quando sabemos, devemos aceitar e crer; enquanto não sabemos, podemos manter a integridade moral somente se admitirmos nossa ignorância; e essa ignorância em si obriga-nos a buscar a Palavra em reverência piedosa até que a luz brilhe e as dúvidas sejam esclarecidas.

A doutrina da retribuição eterna tem sido mantida e ensinada por uma esmagadora maioria de cristãos desde o tempo dos apóstolos. Quase todos, senão todos, os pais da igreja e os grandes doutores e homens piedosos ao longo dos séculos acreditavam que a Bíblia ensina que o impenitente irrecuperável será lançado no inferno do qual não há saída, sem oportunidade posterior de arrepender-se e de receber a misericórdia de Deus e os benefícios da expiação de Cristo. Eles acreditavam, como acredita a grande maioria dos cristãos de hoje que amam a Bíblia, que a personalidade do impenitente é perpetuada além do momento da morte física, e que o homem tem de enfrentar uma severa prestação de contas dos atos que cometeu na terra e ouvir a sentença condenatória pronunciada contra ele.

Tenho ouvido argumentos contra esse modo de pensar e reconheço a força deles, e, embora meu coração humano possa acolher com alegria qualquer raio de esperança para os perdidos, por mais tênue que seja, as Escrituras são muito claras ao dizer que essa esperança não existe.

Frederick W. Farrar, ilustre reitor de Canterbury, suplicava com grande sinceridade moral e enorme eloquência pelo que ele chamava de "esperança eterna" para todos os homens e, como um advogado de defesa, esforçava-se para encontrar, entre as obras dos pais latinos, algumas citações que sustentassem essa esperança. Contudo, o peso da evidência do lado da crença tradicional é grande demais; só pode haver uma conclusão: a Bíblia ensina a doutrina da retribuição eterna, e todo homem sereno e sensato aceita a doutrina; ou, se a rejeita, rejeita também a Bíblia. O homem que não acredita no inferno deve renunciar ao seu direito de acreditar no céu.

Para manter todo o testemunho cristão em equilíbrio, devemos ensinar o que a Bíblia ensina sobre o futuro do impenitente. Mas devemos vigiar nosso coração para que, sem saber, aceitemos inconscientemente a ideia do inferno como uma vingança contra os que não creem como nós cremos. Da mesma forma que a excomunhão e o purgatório servem para manter os católicos romanos fiéis na linha, é totalmente possível usar o medo do inferno para fazer as pessoas cederem ao pastor ou evangelista ditatorial que tenta cumprir sua cota de convertidos em uma noite.

A ideia a respeito do inferno encontrada nas Escrituras é tão temível que o primeiro impulso de um coração amoroso é o de desejar que não seja assim. Mas a piedade humana é uma emoção bela e, ao mesmo tempo, perigosa. Se não for submetida à crítica severa do julgamento moral, pode levar-nos — e quase sempre nos leva — a expressar compaixão pelo assassino, não pelo morto e por sua viúva e filhos. A compaixão ímpia comove as mulheres idealistas a ponto de enviarem flores ao criminoso que aguarda a execução da sentença, ao passo que a criança inocente que ele estuprou e mutilou dificilmente recebe uma rápida expressão de piedade.

Da mesma forma, a compaixão desinformada e insensata tende a posicionar-se ao lado dos ímpios e rebeldes e contra o Deus altíssimo cujo nome é Santo. O fato de ele ter dado vida e inteligência aos homens de ter sido paciente com eles quando desobedeceram às suas leis, quando mataram seu Filho unigênito e zombaram de seu amor em seus últimos momentos de vida, é completamente esquecido. Esses homens usam o dom do livre-arbítrio para rejeitar Deus, escolhem a iniquidade e, com olhos arregalados, esforçam-se com persistência para se preparar para o inferno, e isso parece não ter importância para algumas pessoas. Na confusão da emoção descontrolada, eles passam afoitamente para o lado dos inimigos de Deus. Isso é incredulidade mascarada de compaixão.

O grito contra a ideia de retribuição moral revela vários equívocos profundos, relacionados com a santidade de Deus, a natureza do homem, a gravidade do pecado e a incrível maravilha do amor de Deus expresso na redenção. Quem entende isso, mesmo que imperfeitamente, posiciona-se ao lado de Deus para sempre, e, seja o que for que Deus faça, clamará com a voz vinda do altar:

> "Sim, Senhor Deus todo-poderoso,
> verdadeiros e justos
> são os teus juízos" (Apocalipse 16.7).

Talvez a palavra de Moody sobre este assunto seja tão sábia quanto qualquer outra já proferida. Ele disse: "Ninguém deve pregar sobre o inferno, a menos que esteja com lágrimas nos olhos".

CAPÍTULO 11

Uma palavra ao sábio

A tarefa de levar o evangelho às tribos longínquas, escondidas em lugares estranhos e perigosos, quase sempre exige coragem e ousadia equivalentes às do explorador à procura de um novo rio ou do soldado cumprindo seu dever.

Há missionários que nasceram aventureiros; embora sejam totalmente consagrados a Cristo e completamente dedicados à glória de Deus, são apaixonados demais pela euforia que acompanha as atividades missionárias em algumas partes do mundo. Esses missionários realizam um excelente trabalho e devem fazer parte da lista dos verdadeiros servos de Cristo e mensageiros da cruz. Seu amor pelos perdidos é profundo e verdadeiro. O prazer que sentem em viajar e enfrentar perigos é natural a eles e, de fato, contribui muito para sua adaptação à obra para a qual foram chamados, uma obra que seus irmãos mais cautelosos jamais seriam capazes de realizar.

O público cristão, sempre pronto a acolher o herói com carinho, mostra sua amistosa fraqueza seguindo esses homens, para elogiá-los com palavras encantadoras, oferecer-lhes grandes somas de dinheiro e presentes de todos os tipos. Ao focar a atenção no trabalho dos missionários, esses irmãos prestam um enorme favor à causa das missões mundiais, que recebem orações e apoio de muitos que não demonstram tanto entusiasmo pelo programa missionário comum. Não há nenhuma dúvida quanto à pureza de seus motivos e à sinceridade de seus apelos. Poderíamos usar mais esses homens.

No entanto, é lamentável que, em razão de seu zelo e do sucesso de seus esforços, eles tenham preparado inocentemente o caminho para um negócio tão organizado e lucrativo quanto qualquer outro encontrado dentro da esfera da religião. Pois têm surgido alguns sem escrúpulo que exploram o moderno amor do cristão por entusiasmo e comoção e o arrastam ao som da trombeta. Eles se especializam em emoções e contos de aventuras, tanto violentos quanto lúgubres, e em alguns setores cativam a atenção e a lealdade de um grande número de cristãos de sinceridade duvidosa.

Sem nenhum "bom relatório" prévio, lamentavelmente desprovidos de cultura, sem idade adequada, experiência e sabedoria e, em muitos casos, sem ter sido aprendizes de um líder espiritual reconhecido, eles se lançam como grandes missionários pioneiros e, por pura força da personalidade, conseguem extrair dinheiro suficiente de um público emotivo e fácil de contentar, para financiar seus projetos mirabolantes.

Para ter sucesso, eles dependem do poder da propaganda influenciadora e usam todos os truques de venda para promover seus interesses. A obra missionária, conforme eles a apresentam, é uma aventura enorme e divertida. É importante notar a ausência do sofrimento no Calvário e do trabalho árduo do Espírito Santo. A conversa deles é macia e convincente, mas seu espírito não é igual ao dos grandes líderes missionários do passado.

Essas aventuras religiosas profissionais podem ser identificadas em várias evidências. Uma é a inquietação constante. Eles sempre aparecem em lugares inesperados empunhando câmeras fotográficas, viajando à custa do trabalho árduo de cristãos, claro, e ao voltar surpreendem o público religioso com o que seus olhos viram e suas câmeras fotografaram. Nunca vão a um campo de colheita do mundo para mergulharem na obra sagrada de evangelizar homens. Nunca lhes ocorre que deveriam permanecer no mesmo campo e suar a camisa como fizeram os grandes e produtivos missionários de várias sociedades e denominações ao longo dos anos.

Infelizmente, há também alguns líderes religiosos nas igrejas desses missionários que descobriram um jeito de ganhar dinheiro quando introduzem uma causa missionária em seu programa. O público apoia uma obra com tempero missionário, e esses homens sabem disso. É difícil não chegar à conclusão de que as missões são, às vezes, usadas como iscas para atrair multidões e garantir uma renda maior.

Por mais doloroso que seja chamar a atenção para um abuso como este, ele deve ser feito com clareza e sem medo. Certamente não é prova de cristandade fechar os olhos e a boca enquanto uma tarefa tão sagrada quanto as missões estrangeiras sofre nas mãos de homens ambiciosos e irresponsáveis.

Há somente alguns tipos de homens focados aqui. A sociedade missionária que honra a Deus é rápida em solicitar uma inspeção do dinheiro missionário. Mas o alegre aventureiro que deseja perambular à custa do cristão honesto vai sentir-se ofendido e, sem dúvida, me acusará de atacar o empreendimento missionário. Minha ligação de quarenta anos com uma sociedade na qual os missionários se alimentam mal, praticam o autossacrifício, comprometem-se a ter uma vida dedicada à causa, viajam sozinhos, esforçam-se para estudar a língua nativa e na qual as privações e os perigos de verdadeiro martírio são aceitos como parte do trabalho deve isentar-me dessa culpa.

O cristão com dinheiro para investir no mundo da evangelização, e que com certeza ficará frente a frente com seu Senhor no julgamento, deve encarar sua responsabilidade com cuidado. Deve exigir prestação de contas e insistir para saber como seu dinheiro está sendo gasto. E deve ter certeza de que está ajudando a sustentar apenas homens e mulheres humildes e dedicados que não amam a vida a ponto de temer a morte. Nenhum centavo deve ser doado para ajudar as atividades egoístas do feliz aventureiro que deseja se fazer passar por mensageiro de Cristo.

Tudo isso é sagrado demais para ser tratado apressadamente; e o julgamento está perto demais.

CAPÍTULO 12

Comer planta venenosa

Na região oeste dos Estados Unidos, cresce uma planta chamada locoweed. É parecida com a samambaia e recebeu o horrível nome botânico de *Astragalus mollisimus.*

Essa planta é venenosa para o gado e, quando ingerida pelo bezerro, tem o efeito de prejudicar seu equilíbrio, destruir a coordenação muscular e desfocar os olhos, fazendo-o desviar-se de um objeto minúsculo ou calcular mal o tamanho de um objeto grande e cair na encosta de um penhasco.

Tenho informações confiáveis a esse respeito; contudo, uma vez que a locoweed está totalmente fora de meu campo de interesse, ou pelo menos de minha esfera de responsabilidade, vou deixar o assunto todo de lado, com exceção de que ele aponta diretamente para outro mais sério que, com certeza, é de meu interesse. Refiro-me ao pecado e a seus efeitos sobre o ser humano.

O fazendeiro sabe que algo está errado quando o bezerro começa a cambalear depois de ter ingerido locoweed. O animal não age mais como costumava. Em resumo, ele enlouquece.

Quando consideramos as probabilidades para a grandeza moral que Deus embutiu na natureza humana no momento em que fez o homem à sua imagem; quando vemos como as pessoas bondosas que se autossacrificam vivem seus melhores momentos; quando observamos a doce inocência de um bebê ou o altruísmo, o amor radiante de uma mãe, não estamos totalmente preparados para o choque de ler uma reportagem ou dar uma olhada no jornal do dia.

A mulher que segura uma arma fumegante na mão acima do corpo do marido assassinado pode ser a mesma mulher meiga e feliz que amamentava seu bebê? Aquele garoto que perfura com um canivete o coração de um menino do outro lado da cidade pode ser o mesmo garoto que, antes de sair de casa para fazer parte de um grupo de bandidos na esquina, passou meia hora brincando feliz com a irmãzinha ou provocando a mãe carinhosamente? Aquele rapaz sentado em silêncio e com o rosto sombrio no corredor da morte à espera do momento em que deverá pagar por seus crimes contra a raça humana é o mesmo rapaz que, alguns meses antes, se deitou de bruços na cama chorando copiosamente porque o cãozinho que ele amava foi atropelado por um carro e morreu?

Embora a vida de um cidadão comum não seja tão dramática e violenta como a das pessoas aqui citadas, sua conduta é, no entanto, totalmente contraditória. Ele muda de humor de um dia para o outro; é gentil e cruel, virtuoso e lascivo, honesto e enganador, generoso e avarento; anseia por ser bom e escolhe o mal, almeja conhecer Deus e vira as costas para ele, espera ir para o céu e dirige-se para o inferno. É moralmente louco.

O pecado é uma planta venenosa que desorganiza toda a natureza. A vida interior se desintegra; a carne cobiça prazeres proibidos; o julgamento moral é distorcido de modo que, no geral, o bem parece ser o mal e o mal parece ser o bem; escolhe-se o tempo em lugar da eternidade, a terra em lugar do céu, a morte em lugar da vida.

Isso explica muito bem a linguagem viva e chamativa usada pelos profetas e apóstolos para descrever os efeitos do pecado:

> A cabeça toda está ferida,
> todo o coração está sofrendo.
> Da sola do pé ao alto da cabeça
> não há nada são;
> somente machucados,
> vergões e ferimentos abertos,
> que não foram limpos nem enfaixados
> nem tratados com azeite (Isaías 1.5b,6).

Essa é uma amostra de Isaías. Dezenas de páginas de citações tão fortes quanto a dele poderiam ser extraídas de outros profetas e salmistas.

O Novo Testamento é, em geral, considerado mais suave que o Antigo, mas basta ler a acusação de Cristo aos fariseus para descobrir quanto essa noção é errada. Pedro, João e Judas mergulharam sua caneta no fogo líquido para fazer justiça à ira flamejante de Deus contra o pecado, ao passo que Paulo traça o caminho sinuoso do pecado através do sistema humano e prova quanto é confuso e moralmente autocontraditório o coração que não se separou de sua iniquidade.

Precisamos ser cautelosos, no entanto, para não empurrar nossa ilustração até o ponto de dar a impressão de que o pecado é um acidente, uma doença, um veneno ingerido sem querer. Se o pecado é uma doença, assemelha-se ao vício do álcool, o qual é escolhido, comprado e sorvido voluntariamente. O bezerro não é responsável por envenenar-se com a *locoweed*, mas os homens são dotados de inteligência e capacidade para distinguir o bem do mal; não devem, portanto, ser isentos de seu pecado nem de suas terríveis consequências.

Os homens são, de fato, responsáveis por seus pecados, e sua responsabilidade é dupla. Primeiro, são moralmente obrigados a escolher o bem e a rejeitar o mal, e serão levados a um julgamento severo e indiscutível se deixarem de fazer isso.

Segundo, uma vez que Deus proporcionou a cura em Cristo, eles são responsáveis por humilhar-se e pedir perdão e purificar-se na fonte acessível a todos os homens pela morte dolorosa de Jesus Cristo na cruz romana.

"Se alguém decidir", disse Jesus (João 7.17). Ao dizer isso, eliminou todas as desculpas e tornou cada homem responsável por seu futuro, bem como por seu passado. Pois, apesar do que o pecado nos fez, somos capazes de escolher a vida eterna; e somos responsáveis por nossa escolha, quer ela seja certa quer não.

CAPÍTULO 13

O perfeito amor expulsa o medo

(escrito em 11 de dezembro de 1957)

Durante a Segunda Guerra Mundial, os nazistas introduziram uma arma que não havia sido usada antes, ou pelo menos na mesma proporção — a técnica do pânico.

As bombas eram equipadas com um assobio sinistro que produzia um gemido sobrenatural enquanto voavam em direção ao solo. Essa tática funcionou bem a princípio. Populações inteiras corriam e rodavam em círculos freneticamente, obstruindo o caminho e, o que era mais sério, bloqueando ruas e estradas e impedindo a passagem das tropas e das ambulâncias.

É claro que esse era o propósito da bomba sibilante: assustar as multidões e deixá-las confusas. Posteriormente, o Exército Vermelho Chinês usou essa mesma técnica amedrontadora contra as tropas da ONU na Coreia, mas não funcionou muito bem, graças ao treinamento daqueles homens. Eles não se assustavam facilmente.

Na atual guerra fria, os soviéticos ainda usam o antigo recurso do medo ao emitir avisos dissimulados e fazer ameaças aterradoras de total destruição daqueles que permanecerem em seu caminho. O propósito é acabar com o espírito de liberdade das pessoas por meio da psicologia do terror. A maioria de suas ameaças é tão apavorante quanto as máscaras de Halloween, e eles sabem que temos conhecimento disso; mas sabem também que não sabemos qual é verdadeira, portanto continuam tentando nos aterrorizar.

O momento mais próximo do pânico que nós, americanos, enfrentamos foi quando os russos enviaram seus satélites algumas semanas atrás. Jamais vamos saber com certeza se o propósito deles era nos aterrorizar quando lançaram seus pequenos equipamentos em direção ao céu ou se tudo não passou de uma legítima aventura científica, mas não há dúvida de que agora estão brincando de soltar bombas sibilantes enquanto puderem e divertindo-se ao ver alguns dos líderes da maior e mais poderosa nação do mundo correndo em círculos, apavorados.

Nos rugidos leoninos do sr. Khrushchev, alguns de nós detectamos uma semelhança mais que acidental aos gritos agudos do tigre Hitler. (A propósito, gostaria de saber onde Hitler se encontra agora!)

Não tenho, no momento, nenhum conselho para dar ao Departamento de Estado, mas creio que tenho, sim, uma palavra ao povo de Deus. Devemos ter em mente que nenhum país é totalmente mau, portanto não pode ser traçada nenhuma linha nítida de demarcação entre os amigos e os inimigos do céu. As nações da terra que são livres têm muito do que se arrepender e, sem dúvida, muitos cristãos verdadeiros da Rússia não se ajoelharam diante do comunismo nem beijaram sua imagem.

Convém, portanto, que sejamos penitentes, confiantes e humildemente corajosos diante da máscara do terror apresentada pelas bombas de hidrogênio, satélites russos e mísseis balísticos. Precisamos ter certeza de que somos moralmente dignos de ser perpetuados como nação, e o Senhor dos

Exércitos nos guardará e nos protegerá. Creio que nosso país continua a ser objeto do interesse de Deus. O sopro aquecido da oração ainda paira como uma névoa invisível acima dos bosques e templos nas colinas sobre as quais cantávamos, embora os homens de oração tenham deixado há muito tempo a terra que um dia amaram e batizaram com lágrimas de amor.

Sejam quais forem as circunstâncias, nós, cristãos, devemos manter a cabeça no lugar. “Pois Deus não nos deu espírito de covardia, mas de poder, de amor e de equilíbrio” (2Timóteo 1.7). É desolador ver um filho do céu encolher-se de terror diante dos filhos da terra. O Espírito Santo nos ensina nas Escrituras verdadeiras que o medo é uma espécie de prisão para a mente e que, por causa dele, podemos passar a vida inteira no cativeiro.

Recuar diante da aproximação da dor física ou mental é natural, mas permitir que nossa mente se aterrorize é outra coisa bem diferente. A primeira é um ato reflexo; a outra resulta do pecado e é obra do Diabo para nos escravizar. O terror está, ou deveria estar, fora da mente redimida. A verdadeira fé liberta a pessoa do medo pela interposição consciente de Deus entre ela e o objeto que lhe provoca medo. A alma que vive em Deus é rodeada pela presença divina, de modo que nenhum inimigo possa aproximar-se dela sem antes descartar Deus, uma impossibilidade palpável.

Eu poderia citar centenas de passagens das Sagradas Escrituras para mostrar que Deus protege seu povo e que não há nada no mundo ou no inferno capaz de causar dano a uma alma que confia nele. O passado está perdoado, o presente está sob a proteção de Deus e mil promessas maravilhosas garantem o futuro. No entanto, somos, às vezes, aterrorizados pelo adversário. Isso é comum, mas desnecessário. Não devemos tentar justificar essa reação, mas reconhecê-la como evidência de nossa imaturidade espiritual.

Por meio do sangue da aliança eterna, estamos tão seguros aqui na terra como se já estivéssemos no céu. Não ultrapassamos a possibilidade da morte física, mas entramos em uma esfera da vida na qual podemos nos dar ao luxo de morrer, sabendo que, para o cristão, a morte é um portal brilhante de glória inefável.

É totalmente possível chegar a um lugar em graça no qual nada poderá nos amedrontar. Podemos ter um entendimento com Deus sobre nosso ontem, nosso hoje e nosso amanhã. O medo da morte e do julgamento afasta-se de nós quando o verdadeiro temor de Deus chega, e esse temor não traz tormento, mas é uma luz e um jugo suave para a alma, um temor que nos faz descansar em vez de nos deixar exaustos.

CAPÍTULO 14

O grande atraso da reforma natalina

Nestes últimos anos do século XX, nenhuma outra época do ano revela tanta religiosidade e tão pouca santidade como a época do Natal.

Desde que Dickens[5] escreveu *Uma canção de Natal*, quase ninguém se atreve a se apresentar e dizer o que pensa do Natal. Tememos que, ao fazer isso, sejamos identificados com o velho detestável e ranzinza que odiava todo mundo; assim, continuamos com nossas festividades vistosas, fazendo o melhor para conservar um vago sorriso no rosto e um tom de voz alegre e vibrante, deixando de lado como nos sentimos.

Ora, ao contrário de Dickens, não acredito que sejamos forçados a escolher entre o velho Scrooge e o Pequeno Tim. Certamente existe um meio-termo no qual os adultos maduros, movidos pelo amor e iluminados pelo Espírito possam colocar a cabeça no lugar e tomar uma decisão a respeito do feriado mais ultrajado e degradado que chamamos de Natal. Eu, pelo menos, quero fazer exatamente isso e amar todos ao longo do processo.

Nunca conheci um Ebenezer Scrooge. Minha infância foi abrilhantada pelo retorno anual do Natal. Minha doce mãe lutava para conseguir alguns petiscos extras para a

[5] Charles Dickens (1812-1870). [N. do T.]

família nas manhãs de Natal, e quase sempre seu esforço era recompensado. Mesmo sem haver mais que uma laranja, uma bola de pipoca caramelizada e um brinquedo barato para cada um de nós, aquele era um momento memorável para todos. Naquela manhã feliz, até o velho cão vira-lata amarelo que se deitava no tapete trançado feito em casa recebia um punhado de balas, que ele mastigava ruidosamente e com ar circunspecto sob os gritos de alegria das crianças mais novas.

As crianças que chegaram depois que constituí família podem comprovar, e tenho certeza de que comprovariam, a alegria quase insuportável aos ouvidos que as manhãs de Natal lhes proporcionavam. O entusiasmo delirante do momento em que elas pulavam da cama e se ajuntavam ao redor da árvore para desembrulhar seus presentes entre gritos de surpresa e satisfação jamais será esquecido por elas ou por seus pais enquanto vivermos e conseguirmos mantê-lo na memória. Não, qualquer um poderia aparecer para nos visitar naquele dia, menos Scrooge; ele teria morrido de apoplexia se chegasse perto de nossa casa.

No entanto, o Natal conforme é comemorado hoje necessita muito de uma reforma radical. O que antes era uma expressão espontânea de um inocente prazer transformou-se em um excesso desordenado. Em uma parte de Chicago, por exemplo, os cidadãos entusiasmados competem entre si todos os anos para montar a maior árvore de Natal, a mais vistosa e a mais vulgar na varanda, no gramado, na rua; e um gigantesco Papai Noel vestido com roupas chamativas e com um sorriso frio, porém determinado, conduz um grupo de renas totalmente iluminadas pelo jardim e por cima da casa!

Veja a que ponto chegamos na corrupção de nossos prazeres ao abandonar a reverência dos pastores singelos, do cântico dos anjos e da beleza do exército celestial! Hoje a estrela de Belém não poderia conduzir um sábio a Cristo; não seria distinguida entre os milhões de luzes artificiais penduradas no alto da rua principal da cidade pela Associação dos Comerciantes. Nenhum anjo poderia cantar alto o suficiente a ponto de abafar o som estridente e ensurdecedor da música "Noite Feliz", tocada para atrair clientes para as lojas da vizinhança.

Em nosso materialismo maluco, transformamos a beleza em cinzas, corrompemos as emoções normais e mercantilizamos o presente mais sagrado que o mundo já conheceu. Cristo veio para trazer paz, e comemoramos sua vinda tornando a paz impossível durante seis semanas do ano. Não é a paz, mas a tensão, a fadiga e a irritação que dominam a época do Natal. Cristo veio para livrar-nos da dívida, e muitos reagem afundando-se em dívidas todos os anos para comprar objetos de luxo dispensáveis e oferecê-los a quem não os aprecia. Cristo veio para ajudar o pobre, e cobrimos de presentes os que não necessitam deles. O simples símbolo dado por amor foi substituído por presentes caros, oferecidos porque chegamos a uma situação da qual não sabemos sair. Não é a beleza do Senhor, nosso Deus, que encontramos nessa situação, mas a feiura e a deformidade do pecado humano.

Entre os abusos danosos da época do Natal nos Estados Unidos, está a substituição de Cristo pelo Papai Noel como objeto principal do interesse popular, principalmente entre as crianças.

A moralidade das histórias da Mamãe Gansa[6] e dos contos de fadas tem sido questionada por pais cristãos de boas intenções, mas minha opinião é que essas histórias são relativamente inofensivas porque são contadas como ficção, e a criança sabe muito bem que são imaginárias. Com o Papai Noel é diferente. Ensina-se uma mentira à criança como se fosse verdade, e ela é grosseiramente enganada durante o período mais sensível e formador de sua vida.

O que vamos fazer? Cultivar a humildade e a moderação. Enfatizar o que a Bíblia enfatiza: Cristo à direita de Deus, não o bebê na manjedoura. Retornar à simplicidade que está em Cristo. Eliminar de nossas igrejas a ostentação não bíblica emprestada de Roma. Adotar as Escrituras como nosso guia e não permitir que sejamos forçados a seguir o paganismo praticado em nome de Cristo.

[6] Personagem muito antiga do folclore europeu. Figura usada como modelo de uma "mãe" que contava histórias mágicas para os filhos. [N. do T.]

CAPÍTULO 15

Elevem a voz com alegria

Assim como o livro de Salmos é um comentário lírico sobre o Antigo Testamento, ao som da música de ardente devoção pessoal, nossos excelentes hinos cristãos compõem um alegre comentário sobre o Novo Testamento.

Embora nenhum cristão bem informado atribua a qualquer hino o mesmo grau de inspiração pertencente aos salmos, a alma que canta em adoração é facilmente persuadida de que muitos hinos possuem um brilho interior um pouco maior que o brilho humano. Mesmo que não sejam inspirados no sentido pleno e final, são aquecidos com o sopro do Espírito e adoçados com a fragrância da mirra, aloés e cássia dos palácios de marfim.

Nos hinos, todas as doutrinas básicas da fé cristã são celebradas. Se as Escrituras fossem destruídas ou se tornassem inacessíveis à igreja, não seria muito difícil extrair de nossos hinos um conjunto completo da doutrina bíblica. Faltaria, claro, a autoridade da Palavra inspirada, mas poderia servir em um momento tenebroso, para manter viva a fé que nossos pais professaram. Enquanto a igreja puder cantar seus excelentes hinos, não poderá ser destruída, pois os hinos são teologia em forma de música.

Os hinos não produzem verdade, nem mesmo a revelam; eles a comemoram. Representam a reação de um coração confiante a uma verdade revelada ou a um fato consumado feito por Deus e cantado pelo homem. Deus fala, e o hino é o eco musical de sua voz.

Nenhum outro evento da história do mundo produziu um coro musical tão completo quanto a ressurreição de Cristo dentre os mortos. Um número muito maior de músicas partiu do sepulcro vazio de José do que de todos os concertos musicais do mundo desde o início da primeira civilização. A ressurreição foi o fato. Os hinos são a resposta da fé a esse fato.

A história da Páscoa poderia ser contada com riqueza de detalhes se simplesmente juntássemos, em ordem correta, os versos e as estrofes de nossos hinos clássicos. Tomemos como exemplo a alegria reprimida, mas intensa, deste hino latino:

> Vencida a luta! A batalha terminou!
> O grande Vitorioso já triunfou.
> A ele entoemos hinos de louvor!
> Aleluia!

Nesse hino, temos teologia pura, acrescida de uma exortação e exclamação. O restante do hino desenvolve um pouco mais a doutrina:

> A morte com seus poderes o mal planejou,
> Mas nosso Senhor sua legião dispersou [...].
> Quebrou os grilhões do inferno e outros mais,
> E do céu caíram as barras dos portais.

Cada um desses versos é seguido de um jubiloso chamado ao louvor e de um grito de aleluia! É a hinologia no seu melhor. Não busca revelar nada; assume que os fatos já são conhecidos e apresenta-os de modo que o louvor e a música passam a ser o resultado natural.

Outro hino latino do século VI começa assim:

> "Saudamos-te, manhã feliz!", os anos dirão;
> Ao céu pertence a vitória, o inferno derrotado está.
> O Morto está vivo, e Deus para sempre viverá!
> E todas as criaturas ao seu Criador adorarão.

Esse hino apresenta o motivo teológico por trás da Páscoa. Cristo estava morto, mas sua morte não foi acidental nem resultou de doença ou velhice. Ele morreu para derrotar o inferno e conquistar o céu para a humanidade. Cristo estava morto, mas agora não está. Vejam! O morto está vivo! E como os que creem podem permanecer calados?

Nenhum cristão que estuda a Bíblia pode permitir-se viver em cativeiro durante dias, meses e anos (v. Colossenses 2.16,17; Romanos 14.4-10; 2Coríntios 3.5-18). Ele sabe que está livre da Lei, e os irmãos judaizantes que desejam ficar atrelados a um jugo não terão muito sucesso. Mas o cristão aprecia o valor de um dia da semana para dedicar-se à oração e ao louvor. E, pelo fato de Cristo ter ressuscitado no primeiro dia da semana, o homem que ama a Bíblia considera espiritualmente adequado o primeiro dia da semana como o sábado voluntário do cristão.

Em um maravilhoso e amado hino, composto por Christopher Wordsworth, essa ideia é apresentada com grande beleza e lógica inquestionável. Após louvar o primeiro dia da semana como "dia de descanso e alegria" e um "dia de júbilo e luz [...] o mais belo, o mais brilhante", ele oferece três motivos sólidos para comemorá-lo:

> Sobre ti, na criação,
> A luz nasceu e brilhou pela primeira vez;
> Sobre ti, para nossa salvação,
> Cristo das profundezas da terra ressuscitou;
> Sobre ti, nosso Senhor, vitorioso,
> O Espírito do céu enviou;
> E sobre ti, o mais glorioso,
> Uma tríplice luz brilhou.

No primeiro dia, a luz nasceu e brilhou pela primeira vez; no primeiro dia, Cristo ressuscitou; no primeiro dia, o Espírito Santo desceu. Embora haja muitas outras verdades para defender essa ideia, para o verdadeiro seguidor de Cristo não é necessário nenhum outro argumento mais forte. No primeiro dia, o cristão ama lembrar-se do triunfo de Cristo; e a cada primeiro dia da semana ele se lembra de que Cristo ressuscitou das profundezas da terra.

Graças a Deus pela Páscoa, que serve, de alguma forma, para medir o foco de atenção do cristão sobre a grande rocha de sua fé histórica: "Cristo ressuscitou!". Como não podemos fazer muito mais que isso, cantamos em alta voz com o compositor de hinos:

> Elevem suas vozes alegres em triunfo até as alturas;
> Porque Jesus ressuscitou, e o homem não morrerá!

CAPÍTULO 16

Insistência no óbvio

Muitos de nós que pregamos as riquezas insondáveis de Cristo demonstramos, às vezes, pouco interesse e temos dificuldade em ouvi-las.

O primeiro pensamento que deveria vir à mente humana é pensar em Deus. A história da salvação deveria colocar um brilho no rosto e uma vibração na voz daquele que fala sobre essas riquezas. No entanto, é comum a maravilhosa mensagem ser contada de uma forma que torna difícil ao ouvinte prestar atenção no que está sendo dito. Qual é o erro?

A resposta convencional: "O pregador não está cheio do Espírito Santo" não é suficiente. Muitos que, movidos pelas provações da vida e pelo amor, são templos do Espírito Santo não conseguem ser melhores que o som produzido por um fonógrafo gasto que já não era bom.

É verdade que somente o pregador cheio do Espírito Santo é capaz de ser moralmente eficaz, mas no momento estamos pensando apenas na capacidade do orador de atrair a atenção dos ouvintes. E, se o orador não conseguir prender imediatamente a atenção dos ouvintes, é possível que sua mensagem não tenha efeito duradouro sobre eles, por mais espiritual que ele seja.

Talvez nenhuma outra parte das Sagradas Escrituras seja pregada de modo tão enfadonho quanto as epístolas de Paulo. Os textos em si são como joias musicais de grande beleza.

Os sermões que se baseiam neles deveriam ser "tão saborosos quanto morder uma maçã recém-colhida da macieira". Mas, ao contrário, são quase sempre tão decepcionantes quanto morder uma bola de lã. Por quê?

Provavelmente, seria uma simplificação exagerada citar uma única causa responsável por nossas pregações maçantes, porém arrisco-me a sugerir que um fator muito importante é nosso hábito de insistir no óbvio. (Se algum leitor sorrir e disser: "É o que este editorial está fazendo", não tenho como me defender. Pelo menos vou ver meu erro e tentar remediá-lo).

Na tentativa de descobrir a causa de minha aversão ao ministério de alguns mestres bíblicos evangélicos, concluí que eles têm o hábito incurável de insistir no óbvio. Pelo jeito, não sabem que as verdades elementares repetidas com muita frequência insensibilizam a espiritualidade dos piedosos. E isso se torna mais verdadeiro ainda quando o mestre insiste em brincar com blocos teológicos, explicando os primeiros princípios da doutrina de Cristo sem ter, aparentemente, nenhuma intenção de prosseguir na explicação.

A grande maioria de nossas conferências bíblicas é dedicada ao óbvio. Todo conferencista (normalmente anunciado como "um orador muito requisitado") vasculha as Escrituras a fim de encontrar passagens adicionais para amparar uma verdade já conhecida por 99% dos ouvintes e na qual eles creem. Se o orador conseguir mostrar que há uma verdade elementar oculta em um "tipo" do Antigo Testamento que ninguém notou antes, ele é aplaudido como excelente estudioso da Bíblia e convidado com entusiasmo para voltar no ano seguinte.

Essa insistência nos princípios elementares exerce um efeito adverso na igreja evangélica. É como se uma criança inteligente fosse obrigada a permanecer no terceiro ano durante cinco ou seis anos. A monotonia é grande demais. A mente não permanece alerta quando não há elementos de surpresa e revelação. Pessoalmente, assisto aos sermões ortodoxos comuns com a mesma sensação de tédio que alguém sente quando lê uma história de mistério pela décima vez.

Nossa tendência de repetir meia dúzia de doutrinas infinitamente resulta de falta de visão profética e fracasso de ter um encontro real com Deus. Há milhões de facetas quando conhecemos Deus, cada uma brilhando com uma nova luz encantadora. O mestre que vive no coração de Deus, que lê as Escrituras com grande devoção, que se submete à disciplina e correção do Espírito Santo e esforça-se para chegar à perfeição, tem a certeza de que de vez em quando encontrará novas e abençoadas perspectivas da verdade, tão antigas quanto a própria Palavra, mas brilhantes como o orvalho na grama de manhã. O coração que já avistou a verdade de um ponto longínquo não é capaz de manter silêncio a respeito disso. Suas experiências passarão a fazer parte de seus sermões de uma forma ou outra, e suas mensagens terão um elemento de surpresa misturada com alegria, bem diferente das palestras bíblicas comuns que atualmente temos ouvido por toda parte.

O coração do homem normal revolta-se contra movimento sem progresso. No entanto, é exatamente isso o que oferecemos na grande maioria das igrejas evangélicas. Essas igrejas estão se movimentando doutrinariamente dentro de um círculo complicado e estreito. Seus mestres lhes dizem que esse círculo abrange toda a terra de Beulá[7] e os avisam do perigo de procurar por algo mais.

O ensinamento que consiste inteiramente em repetição é cansativo e maçante; portanto, para compensar a fadiga religiosa, as igrejas introduzem diversões extrabíblicas e entretenimentos antibíblicos com a finalidade de proporcionar um pouco de alívio ao tédio de seus frequentadores apáticos. Aparentemente, não ocorre a ninguém que haveria alegria verdadeira mais adiante se eles saíssem do círculo e avançassem em direção às colinas de Deus.

Trazer notícias velhas; escolher textos para provar uma verdade na qual todos acreditam e que ninguém contesta; contar várias histórias para ilustrar doutrinas conhecidas há muito tempo; expor repetidas vezes os fundamentos do arrependimento de obras mortas para a fé em Deus — tudo isso é insistir no óbvio.

"Por isso, pondo de parte os princípios elementares da doutrina de Cristo, deixemo-nos levar para o que é perfeito [...]" (Hebreus 6.1, ARA).

[7] Palavra hebraica que significa "casada". Refere-se à restauração do relacionamento entre Israel e o Senhor (v. Isaías 62.4). [N. do T.]

CAPÍTULO 17

Habilidade e responsabilidade

"Habilidade envolve responsabilidade", escreveu o ilustre dr. Maclaren.

Essa afirmação está em completa harmonia com o ensinamento das Escrituras, embora, em nossa relação com Deus e nossos companheiros, sejamos muito propensos a nos esquecer dela.

Os seres humanos, desde que sejam compreensivos e justos, reconhecem a habilidade como medida apropriada da responsabilidade. O cego não tem a responsabilidade de ver, nem o surdo de ouvir. Até o governo mais opressor impõe aos seus cidadãos apenas impostos que julga que tenham condições de pagar. Exigir mais de um ser humano é destruir essa habilidade que ele possui. Qualquer governo que exija de seus cidadãos mais do que são capazes de pagar prejudicará totalmente sua arrecadação de impostos e trará destruição sobre si.

Em uma passagem estranha, porém extremamente significativa, das Sagradas Escrituras lemos que Deus julga os homens de acordo com o entendimento deles.

> "No passado Deus não levou em conta essa ignorância, mas agora ordena que todos, em todo lugar, se arrependam. Pois estabeleceu um dia em que há de julgar o mundo com justiça, por meio do homem que designou. E deu provas disso a todos, ressuscitando-o dentre os mortos" (Atos 17.30,31).

Se, conforme a passagem diz, Deus "não levou em conta" os tempos de ignorância antes da vinda de Cristo, seria exagero acreditar que agora ele "não leva em conta" os lugares que ainda não sabem que ele veio? Isso não quer dizer que, por ter tolerado a ignorância dos homens dos tempos antigos, Deus os tenha absolvido de toda responsabilidade. Não, porque sempre há a luz da natureza, bem como a luz da consciência, que se tornam efetivas porque chegou "ao mundo a verdadeira luz, que ilumina todos os homens" (João 1.9).

Paulo esclareceu esse assunto a nós quando escreveu: "Todo aquele que pecar sem a Lei, sem a Lei também perecerá, e todo aquele que pecar sob a Lei, pela Lei será julgado" (Romanos 2.12). A idolatria é um pecado grave e destrutivo onde quer que ela seja encontrada, mas a chegada de Jesus Cristo como a Luz do mundo levou embora qualquer desculpa esfarrapada que os homens pudessem apresentar e tornou-os imediatamente responsáveis para que se voltem para Deus e abandonem seus ídolos. O mesmo se aplica a todos os lugares onde o evangelho é pregado. O pagão não é inocente antes de ter ouvido o evangelho, mas sua responsabilidade é grandemente aumentada depois de tê-lo ouvido.

O princípio que estamos discutindo, embora envolva responsabilidade pela verdade recebida, vai muito além disso. Envolve também nosso dinheiro, tempo, talentos e oportunidades.

Os políticos e os economistas americanos de hoje estão falando sobre nosso padrão de vida "sem precedentes", nossa renda alta, nossas conveniências na ponta dos dedos e nossas altas contas bancárias. Apesar da escassez temporária de emprego, todos esses fatos são verdadeiros e em uma proporção que não se vê em nenhum outro lugar do mundo (com exceção de nosso país amigo e irmão do Norte, que, a meu ver, desfruta de uma prosperidade igual à nossa).

Como coparticipantes de uma economia próspera, nós, cristãos, não podemos esquecer que habilidade envolve responsabilidade. Possuímos mais do que nossos pais possuíram e somos, portanto, capazes de fazer mais do que eles por nossos concidadãos. Corremos o risco de não levar isso em conta. A renda maior pode ser considerada de duas maneiras: 1) eu ganho mais, portanto posso gastar mais e me divertir mais; 2) eu ganho mais, portanto sou capaz de ajudar mais pessoas e auxiliar na evangelização de mais tribos e nações.

É perfeitamente natural usar o dinheiro para alimentar a carne e viver no luxo — e o erro está exatamente aí; harmoniza-se com a natureza humana pecaminosa e faz parte da essência do egoísmo e do pecado. Aceitar um ganho maior como meio para acumular tesouro no céu está de acordo com os ensinamentos de Cristo. Todo cristão que enfrenta o problema de alimentar a carne e viver no luxo deve considerar, em espírito de oração, que sua responsabilidade é maior diante de habilidade maior.

Uma palavra deve ser acrescentada a respeito dessas habilidades que chamamos de tempo, talentos e oportunidades. Elas não são iguais entre todos os cristãos, e, se pensarmos por um momento de modo santificado, concluiremos que as exigências de Deus não são iguais para todos. De um rebanho maior, o pastor espera uma quantidade maior de lã, e, de uma árvore maior, esperamos colher mais frutos.

A regra para a responsabilidade individual foi exposta por Pedro. “Se alguém falar, que fale segundo os oráculos de

Deus; se alguém ministrar, deixe-o fazê-lo segundo a habilidade que Deus dá" (1Pedro 4.11, BKJ). As palavras de Paulo concordam com as palavras de Pedro:

> Por isso, pela graça que me foi dada digo a todos vocês: Ninguém tenha de si mesmo um conceito mais elevado do que deve ter; mas, ao contrário, tenha um conceito equilibrado, de acordo com a medida da fé que Deus lhe concedeu (Romanos 12.3).

Alguns cristãos morrem jovens; outros duram mais e, como velas altas, queimam até o fim. Os primeiros têm uma quantidade menor da habilidade chamada tempo, e por esse motivo sua responsabilidade não é tão grande.

O tamanho da mente humana, as oportunidades que desfruta e os talentos que recebeu determinam sua responsabilidade perante Deus e seus concidadãos. Embora o tamanho e a quantidade do fruto que a vida produz variem, espera-se que a qualidade seja igual para todos. Ser santo é dever e privilégio de todo cristão verdadeiro. Habilidade é algo mais, e os dois nunca devem ser confundidos.

CAPÍTULO 18

Cuidado com o romantismo na religião

Muitas pessoas são, suponho, mais românticas ou menos românticas no sentido correto da palavra, e minha observação leva-me a concluir que provavelmente os religiosos são propensos a ser mais românticos que o normal.

Evidentemente, não é a atitude do homem religioso em relação ao sexo oposto que tenho em mente neste momento, mas sua atitude em relação à vida de modo geral. E, se alguém duvida que algo tão excelente como a religião possa causar excesso de qualquer coisa questionável como o romantismo, respondo que tudo o que é bom tem seus perigos e que as melhores coisas podem levar a mais perigos ainda se forem deixadas ao léu, sem análise e sem direção.

O hábito romântico da mente em relação à religião é fácil de ser identificado. O religioso romântico pensa com suas terminações nervosas, substitui palavras por ações, aceita o irreal com credulidade e emoção, confunde desejar com acreditar e pensa que, se alguém se sente virtuoso, é de fato virtuoso.

A repetição confortável e em uníssono do Glória ao Pai ou da Oração do Senhor exerce um efeito maravilhosamente tranquilizador sobre esse homem. Ele poderá dormir durante o sermão e, se permanecer alerta o suficiente para ouvi-lo, não aplicará a mensagem à sua vida de maneira prática. No entanto, o som da bênção acompanhada de um agradável cântico pelo coral lhe dá a sensação de que sua presença na igreja foi extremamente benéfica. Na saída, ele sorri, cumprimenta os outros com um aperto de mão, parabeniza o pregador e segue seu caminho completamente transformado. No dia seguinte, ele dá o calote em alguém, conta as mesmas histórias de gosto duvidoso, frauda o imposto de renda, grita com o motorista à sua frente, insulta a esposa, come em demasia e vive como filho deste mundo, o que de fato ele é.

No domingo seguinte, ele volta à igreja e, por alguns momentos, tem a mesma sensação radiante de bem-estar e boa vontade em relação aos homens com quem se encontra uma vez por semana há muitos anos. Ele simplesmente não é capaz de relacionar a religião com a vida. Para ele, o cristianismo não tem necessariamente uma ligação com a conduta atual. É apenas algo agradável como, digamos, um pôr do sol ou uma massagem sueca e nada mais.

A atitude romântica não era conhecida nos tempos bíblicos. O apóstolo João advertiu contra uma de suas manifestações quando escreveu:

> Filhinhos, não amemos de palavra nem de boca, mas em ação e em verdade. Assim saberemos que somos da verdade; e tranquilizaremos o nosso coração diante dele (1João 3.18,19).

Kierkegaard disse sabiamente que não há nada nas Sagradas Escrituras sobre amar o homem coletivamente, apenas sobre amar o próximo como a nós mesmos. No entanto, entre nós há muita evidência de amor pela humanidade e pouca evidência de amor pela pessoa individualmente. A ideia de amar nosso irmão é bela, desde que não exija que a ponhamos em prática visando a uma pessoa em particular, pois isso passa a ser um ato nocivo.

Muitos cristãos amam as missões estrangeiras, mas não conseguem amar os estrangeiros. Oram com carinho pelos negros na África, mas não os toleram nos Estados Unidos. Amam o chinês em Hong Kong e se dispõem a contribuir generosamente para enviar alguém para convertê-lo, mas nunca tentam convertê-lo na lavanderia da rua principal da cidade. Usam uma flor para homenagear a mãe no Dia das Mães, mas acham um transtorno recebê-la em casa, portanto ela é jogada de um lugar para outro até ficar doente e exausta a ponto de ser enviada a uma casa de repouso para aguardar o fim.

Sei muito bem que esse modo de pensar é considerado "negativo" ou "cínico" e que a maioria dos cristãos não está disposta a enfrentá-lo. O mesmo ocorria nos tempos do ministério terreno de Cristo. Israel chafurdava na irrealidade. A vida dos sacerdotes e do povo não condizia com suas palavras. Diziam ter uma vida correta, mas não viviam assim. Nosso Senhor não tolerava o artificial e o irreal. O fingimento era uma ofensa para ele, e, quando o notava, dizia isso com toda a clareza. A consequência das palavras diretas do Senhor é conhecida há séculos.

Creio que nestes dias degenerados há alguns poucos cristãos que desejam a realidade mais do que ser consolados e que preferem ouvir verdades perturbadoras a cometer erros confortáveis. Querem saber exatamente em que ponto estão para que possam tomar providências a respeito. Estão dispostos a acreditar no pior a respeito deles e no melhor a respeito do poder salvador de Cristo. Essas pessoas não necessitam buscar refúgio na fantasia. Logo encontrarão a realidade.

CAPÍTULO 19

A alegria chegará no tempo certo

Podemos conhecer nosso presente adequadamente apenas como conhecemos nosso passado, e, nesse passado, ocorreu algo vergonhoso e trágico, ou seja, a perda de nosso caráter moral e rebelião contra nosso Criador. O fato de também termos perdido a felicidade é secundário, pois resulta de nosso afastamento de Deus, não de uma parte desse afastamento.

A obra primordial de Cristo na redenção é justificar, santificar e, por fim, glorificar um grupo de pessoas salvas da ruína da raça humana.

Para facilitar o entendimento de alguém que não esteja familiarizado com as palavras usadas aqui, eu explico que *justificar* significa declarar justo perante Deus, *santificar* significa tornar santo e *glorificar* significa refazer toda a personalidade segundo a imagem de Cristo. Isso nos preparará para habitarmos eternamente no céu do qual a Bíblia fala e que é tanto um estado de ser quanto um local. Nesse céu, os redimidos terão uma experiência inimaginável com o Deus trino, o que por si só garantirá bem-aventurança pura.

Usei a palavra "ruína" e associei-a à raça humana. Não se trata de uma figura de linguagem nem do uso exorbitante ou irresponsável de uma palavra. A raça encontra-se em ruína, em termos espirituais, morais e físicos. A história e os jornais diários comprovam nossa ruína moral. O longo desfile de deuses, tanto virtuosos quanto obscenos, e milhares de variedades de práticas religiosas fúteis e sem significado demonstram nossa degeneração espiritual, enquanto a doença, a velhice e a morte comprovam tristemente nossa total decadência física.

Habitamos um mundo suspenso no meio do caminho entre o céu e o inferno, afastado de um e não abandonado ainda pelo outro. Somos ímpios por natureza e maus na prática. Somos infelizes, repito, mas isso é secundário. Nosso primeiro dever obrigatório é fugir da corrupção que há no mundo como Ló fugiu da ruína moral de Sodoma. É de suma importância buscar o favor de Deus enquanto é possível encontrá-lo, e devemos nos submeter à total autoridade de Jesus Cristo em obediência completa e voluntária. Ao fazer isso, convidamos os problemas do mundo hostil a entrar em nossa vida e nos sujeitamos à infelicidade que naturalmente virá. Acrescente a isso as tentações do Diabo e uma luta contínua com a carne e ficará claro que teremos de adiar a maioria de nossos prazeres para um tempo mais apropriado.

Contra o pano de fundo do fato, nosso desejo infantil de felicidade é visto como algo moralmente feio, totalmente estranho ao Espírito do Homem de Dores e contrário aos ensinamentos e práticas de seus apóstolos.

Qualquer apelo ao público em nome de Cristo que não seja mais intenso que um convite para trazer tranquilidade deve ser reconhecido como mero humanismo acompanhado de algumas palavras de Jesus atiradas a esmo para dar um ar de cristão. Mas só é verdadeiramente cristão aquilo que está de acordo com o Espírito e com os ensinamentos de Cristo.

O resto é não cristão ou anticristão, não importa de onde proceda.

É estranho, não, que ousemos, sem nenhuma vergonha, alterar, adaptar as palavras de Cristo, enquanto falamos de Cristo para aqueles mesmos por quem ele morreu?

Cristo chama os homens para carregarem uma cruz; nós os chamamos para se divertirem em nome dele. Cristo os chama para abandonarem o mundo; nós lhes garantimos que, se aceitarem Jesus, o mundo será a ostra deles. Cristo os chama para sofrer; nós os chamamos para desfrutarem todos os confortos burgueses que a civilização moderna oferece. Cristo os chama para renúncia e morte. Nós os chamamos para se espalharem e prosperarem ou talvez até se tornarem estrelas de um lamentável zodíaco religioso de quinta categoria. Cristo os chama para a santidade; nós os chamamos para uma felicidade barata e de mau gosto que seria rejeitada com zombaria pelo menor dos filósofos estoicos.

Em um mundo como este e em tais condições, o que um cristão sério deveria fazer? A resposta é fácil de dar, mas difícil de seguir.

Primeiro, aceite a verdade a seu respeito. Você não consulta um médico para buscar consolo, mas para descobrir o que está errado e o que fazer sobre isso. Busque o Reino de Deus e a sua justiça. Busque, por meio de Jesus Cristo, ter um relacionamento correto com seu companheiro. Prepare-se reverentemente para corrigir seus erros. Engrandeça a Deus, mortifique a carne, simplifique sua vida. Pegue sua cruz e aprenda com Jesus Cristo a morrer para o mundo, para que ele o ressuscite no devido tempo.

Se você fizer essas coisas com fé e amor, conhecerá a paz, mas será a paz de Deus que excede todo o entendimento. Conhecerá a alegria, mas será a alegria da ressurreição, não a felicidade irresponsável dos homens que insistem nos prazeres da carne. Conhecerá o conforto do Espírito em você, que sempre brotará como um manancial no deserto, não porque você o tenha procurado, mas porque buscou fazer a vontade de Deus a qualquer preço.

Como eu disse antes, podemos nos dar ao luxo de sofrer agora; teremos uma longa eternidade para nos alegrar. E nossa alegria será válida e pura, porque virá da maneira certa e no tempo certo.

CAPÍTULO 20

Temperança, a virtude rara

Se eu tivesse de escolher uma palavra que, para mim, descrevesse melhor a moderação americana, a palavra escolhida seria *excesso*.

Quase tudo o que fazemos, o fazemos em excesso. Estamos sempre criando monstros descomunais. Se esse monstro anda, anda rápido demais; se é alto, é alto demais; se faz barulho, o barulho é extremamente alto; se fabricamos um carro, certamente é um carro absurdamente grande e vistoso com motor de potência muito maior do que a necessária para o transporte que desejamos. Temos muitos telefones, muitos postos de combustível, muitas lojas. Nossa dívida nacional é astronômica, e nosso desperdício, incrível; nossas rodovias são muito numerosas, muito complexas e muito caras. As férias são longas demais e desgastantes demais. A troca de presentes de Natal tornou-se uma fatigante corrida de ratos completamente diferente do abençoado Advento. Ouvimos música por toda parte até sufocar nossos ouvidos com uma confusão de melodias inapropriadas.

Em um esforço para administrar e dirigir as enormes energias, as gigantescas atividades e a fabulosa riqueza de nosso povo, criamos uma repartição pública atrás da outra, e as agências de controle se multiplicaram até tudo ficar completamente fora de alcance, tornando-se fardos enormes e exaustivos que constituem séria ameaça à saúde de nossa nação como um todo.

Estamos, sem dúvida, fora de controle, e pode ser que tenhamos chegado a um beco sem saída. Talvez nunca recuperemos nossa grande fartura. Deve-se dizer, no entanto, que, se estamos nos destruindo em razão do excesso, é porque somos o único país rico o suficiente para fazer isso com êxito e sentir muito prazer e satisfação na empreitada. Os outros países ficam boquiabertos, mas podemos deixá-los de queixo completamente caído, e muitos que nos olham com horror hipócrita simplesmente sentem inveja de nós. Fariam o mesmo se tivessem dinheiro. Afinal, somos todos iguais.

Bom, tudo o que eu disse até agora foi apenas um rodeio para chegar a uma verdade muito conhecida: quando o homem caiu, um dos efeitos da queda foi a perda de controle. Os poderes divinamente implantados dentro do homem saíram do controle, e o que era normal foi usado para que ele se transformasse em servo da carne e do Diabo.

Para mim, é óbvio que quase todo pecado não passa de uma virtude natural pervertida ou praticada em excesso. O autorrespeito transforma-se em orgulho; o apetite natural transforma-se em glutonaria; o sono transforma-se em preguiça; o sexo torna-se depravado e transforma-se em sodomia; o amor degenera-se em luxúria; o louvor afunda-se na vaidade; a determinação endurece e transforma-se em obstinação; o amor natural da criança por brinquedos e jogos cresce com o homem e transforma-se em um negócio multibilionário no qual dezenas de milhares de pessoas sadias desperdiçam a vida jogando para divertir milhões de adultos entediados que estão mais que dispostos a trabalhar arduamente a fim de ganhar dinheiro para vê-las jogar.

Exceto pelo fato de que nada é difícil para Deus, seria apropriado dizer que, em sua obra de salvar homens, ele assumiu uma empreitada hercúlea. Do nosso humilde ponto de vista, seria muito mais fácil criar a raça humana do que recriá-la; seria muito menos difícil fazer um homem à imagem divina do que refazê-lo com essa imagem depois que o homem adquiriu a semelhança do pecado. No entanto, uma vez que Deus tem todo o poder que existe para realizar os propósitos imaginados por toda a sabedoria que existe, podemos nos livrar de qualquer ansiedade. O zelo do Senhor dos Exércitos fará isso.

Deus enfrentou problemas múltiplos na redenção. Como ajustar a conta moral de modo que Deus seja justo e o Justificador dos que creem; como reconciliar o homem com ele; como recriar um espírito humano e, ao mesmo tempo, permitir que todas as qualidades essenciais permaneçam; como habitar em uma personalidade sem a deslocar; como trabalhar no coração do homem que crê, torná-lo justo e, ainda assim, dar-lhe livre-arbítrio — esses são alguns dos problemas impossíveis para nós, mas possíveis e totalmente fáceis para Deus.

A questão do controle entra aqui, pois, se a obra da redenção deve ser completa, nossa tendência básica para a perversão e excesso tem de ser invertida. Todos os nossos poderes têm de ser santificados e submetidos à direção do Espírito. De seu trono no coração do homem que crê, Cristo deve governar sobre todo o reino da alma humana, inclusive sobre todos os seus distritos e províncias. A antiga maldição do exagero e do excesso tem de ser destruída.

Por esse motivo, a bela palavra "temperança" aparece estrategicamente na teologia do Novo Testamento. A temperança é o timoneiro que facilita o controle do poderoso navio enquanto ele navega pelo mar com todas as partes funcionando em harmonia. Temperança é algo que harmoniza as capacidades físicas e mentais umas com as outras e harmoniza também a personalidade com o plano de Deus para o homem inteiro. Em uma vida dirigida dessa maneira, não pode haver lugar para excessos.

Há outras duas coisas que necessitam ser acrescentadas. Uma é que a temperança não é automática. Está incluída no fruto do Espírito, mas exige orar, ler a Bíblia, carregar a cruz, disciplina rígida, obediência e autonegação até tornar-se parte fixa do caráter do cristão.

A segunda é que o homem ou a mulher em Cristo que conseguiu ter o verdadeiro autocontrole pode ficar muito fora de sintonia com o mundo. Os seres humanos que gostam de excessos não aceitam de bom grado alguém moderado e cheio do Espírito entre eles. E, depois que esse alguém morre, talvez construam um sepulcro para ele ou o homenageiem dando seu nome a uma faculdade, mas será um pouco tarde para seu bem-estar. Ele atravessou tempos difíceis no decorrer da vida.

CAPÍTULO 21

Os perigos da estimulação excessiva

É do conhecimento geral que a vida se desenvolve por meio da simples interação de estimulação e reação. A luz estimula o olho a ver, as ondas sonoras estimulam o ouvido a ouvir, o alimento estimula os processos digestivos e assim por diante, no corpo inteiro.

Nossas emoções também exigem estimulação para serem acionadas. O choro de dor de uma criança, por exemplo, pode despertar sentimentos incontroláveis de piedade no coração da mãe e induzi-la a providenciar alívio rápido e carinhoso para o filho.

Toda a personalidade humana — física, mental e espiritual — tende a permanecer inerte até a chegada de um estímulo para fazê-la entrar em ação. Esse é o modo pelo qual Deus nos fez, e, enquanto tudo está em equilíbrio perfeito, nossa vida segue seu caminho normal.

A estimulação é benéfica; a estimulação excessiva é um mal positivo que produz todo tipo de dano físico e mental. Nos últimos anos, a estimulação excessiva passou a fazer parte de nossa civilização. Na verdade, hoje é parte necessária dela. O edifício moderno que chamamos de modo de vida desmoronaria se não fosse sustentado pela pressão da estimulação anormal.

O pulsar do coração de nossa economia é a produção e venda de bens de consumo. O cidadão comum é propenso a ser um comprador apático, a menos que seja incentivado a comprar pela grande pressão da propaganda, tendo como consequência as enormes quantidades de dinheiro gasto todos os anos e os métodos enganosos usados para convencer o público a comprar. Penso que chegamos a um ponto nos Estados Unidos no qual o país precisa de estimulação excessiva para evitar uma grave depressão. Se não houver pressão, as vendas provavelmente cairão a ponto de provocar um caos na economia nacional.

Será, então, que a estimulação excessiva é benéfica para o país? Só se for da mesma maneira que a droga é benéfica para o viciado ou uma dose a mais de bebida é benéfica para o alcoólatra. Então, não faz bem de maneira alguma, mas é simplesmente necessária em razão da condição doentia do paciente.

A tendência à estimulação excessiva é vista por toda parte. O entretenimento, que antes satisfazia o povo, agora não provoca nada agradável, a não ser tédio. As páginas espalhafatosas dos jornais diários vibram com palavras como "poder de sedução", "suspense", "empolgante", "aterrorizante", "explosivo". Recentemente, uma casa de espetáculos anunciou uma apresentação aterrorizante dando-lhe o nome de "o maior *show* de horror do mundo" e prometeu que os cidadãos cansados que fossem vê-lo o considerariam "uma monstruosidade mil vezes chocante".

Esse tipo de coisa encontra-se também de várias formas no caso de carros, móveis, livros, arte, música e roupas e evidencia uma dependência emocional em massa e em estágio avançado.

As pessoas perderam a capacidade de usar a cabeça, raciocinar e encorajar a alma. Precisam ficar constantemente entusiasmadas com agentes externos para que a vida lhes seja suportável. Seria curioso e talvez deprimente saber quantas donas de casa americanas vibram e choram diariamente com as alegrias e tristezas artificiais de personagens fictícias do rádio e da televisão com quem elas se identificam emocionalmente como se fossem pessoas da própria família.

Minhas palavras são dirigidas às almas regeneradas que são humildes o suficiente para aprender e desejosas o suficiente para querer. Não tenho a menor esperança de que um político, economista ou publicitário dê atenção à minha advertência, mesmo se o que escrevo lhe cair nas mãos por acaso. Os habitantes da Feira da Vaidade[8] não estão propensos a ouvir as palavras de um cristão. Estão sob o controle da "mentalidade da carne [que] é inimiga de Deus porque não se submete à Lei de Deus, nem pode fazê-lo" (Romanos 8.7).

O cristão, porém, necessita de estimulação. É o que a Bíblia ensina com grande clareza e sinceridade como em passagens como estas: "Por essa razão, torno a lembrar-lhe de que mantenha viva a chama do dom de Deus que está em você mediante a imposição das minhas mãos" (2Timóteo 1.6); "[...] encorajem-se uns aos outros todos os dias [...]" (Hebreus 3.13). Todo chamado ao arrependimento, toda exortação a progredir na vida espiritual, tem a intenção de despertar o coração preguiçoso a buscar a Deus e sua justiça. O próprio Cristo foi "movido de compaixão"

[8] Mencionada em *O peregrino*, de John Bunyan, como uma feira na cidade chamada Vaidade, porque tudo o que lá se vendia era vão ou inútil. [N. do T.]

(Mateus 14.14, BKJ) ao ver as multidões famintas. A visão de Paulo do macedônio lhe foi dada para estimular a ação missionária. As chamadas passagens exortativas no novo Testamento lá estão para inspirar obediência moral.

A estimulação excessiva, no entanto, é sempre prejudicial. Certos grupos religiosos extremamente emotivos parecem não conseguir ir em frente, a menos que sejam despertados por uma grande euforia nervosa que, incidentalmente, confundem com um mover do Espírito Santo. Por mais sério que seja, ainda acredito que é menos prejudicial do que o novo tipo de fundamentalismo irresponsável que só existe por causa de poderosos estímulos externos. Recentemente, um desses grupos anunciou uma reunião missionária como um "espetáculo missionário". Esses amigos mal orientados simplesmente não veem a óbvia inconsistência entre esse método e os métodos legítimos do Novo Testamento.

Nenhum cristão deve necessitar de outros estímulos além daquele proporcionado pela Palavra de Deus, pela presença do Espírito Santo nele e pela oração. Isso, junto com as fortíssimas necessidades do mundo pecador, deve fornecer todo o estímulo normal. Qualquer coisa a mais é desnecessária e pode ser perigosa.

CAPÍTULO 22

O significado do Natal

"Em toda parte, em toda parte, hoje é Natal!"
Phillips Brooks

Saber que havia no mundo milhões de pessoas que nunca ouviram falar do Natal não era importante para o poeta em relação ao propósito de seu poema. Ele estava expressando uma realidade emocional, não uma realidade estatística.

Em todo o mundo ocidental, temos a tendência de seguir o poeta e encarar o Natal emocionalmente, não como um fato concreto. É o romantismo do Natal que confere um apelo extraordinário àquele grupo relativamente pequeno de pessoas ao redor do mundo que o comemora com regularidade.

Somos tão envolvidos pela empolgação das festas de fim de ano que esquecemos que o apelo romântico é o fator menos importante do Natal. A teologia do Natal se perde facilmente sob a alegria de empacotar presentes, mas, além de seu significado teológico, não há nenhum outro. Uma meia dúzia de cânticos doutrinários serve para manter viva a grande verdade da encarnação, mas, com exceção disso, a música popular natalina não possui uma verdade duradoura. O camundongo inglês[9] não emociona, o Tannenbaum alemão[10] tão belo e encantador e as renas americanas de nariz

9 Enfeite usado nas árvores de Natal na Inglaterra. [N. do T.]

10 Canção alemã sobre a árvore de Natal. [N. do T.]

vermelho, que não merecem nenhum elogio, tomaram o lugar da poesia e da canção de Natal. Tudo isso mais o velho e feliz Papai Noel substituíram a teologia cristã.

Não podemos esquecer que a igreja é a guardiã de uma verdade tão séria e urgente que sua importância não pode ser minimizada, e tão vasta e incompreensível que até um apóstolo não tentou explicá-la; ao contrário, explodiu de dentro dele como uma exclamação de assombro:

> Não há dúvida de que é grande o mistério da piedade:
> Deus foi manifestado
> em corpo,
> justificado no Espírito,
> visto pelos anjos,
> pregado entre as nações,
> crido no mundo,
> recebido na glória (1Timóteo 3.16).

É o que a igreja está tentando dizer à humanidade, mas hoje sua voz é frágil e fraca e raramente ouvida entre o som estridente e comercializado da canção "Noite Feliz".

Não parece estranho que muitas pessoas se empolguem com o Natal e pouquíssimas parem para querer saber seu significado; mas suponho que esse fenômeno estranho esteja em completa harmonia com nosso infeliz hábito humano de ampliar as trivialidades e deixar de lado os assuntos mais importantes. O mesmo homem que verifica o estado dos pneus e consulta o mapa rodoviário com extremo cuidado antes de iniciar uma viagem pode percorrer um caminho sem volta durante a vida inteira sem nunca ter parado para perguntar se está indo na direção certa.

A mensagem do Natal, quando despojada de seus tons pagãos, é relativamente simples: Deus veio ao mundo em forma humana. A questão do significado gira em torno deste único dogma. Deus veio ou não veio; ele vem ou não vem, e o acúmulo imenso de noções sentimentais e práticas românticas que fazem parte de nosso Natal moderno não comprova nenhum dos lados.

Certos mestres religiosos nos tempos apostólicos recusavam-se a acreditar que Jesus era realmente o Deus que veio em forma humana. Estavam dispostos a usar a linguagem fatigante e falsamente fervorosa para descrever a gloriosa encarnação divina, mas não aceitavam sua divindade. A filosofia básica deles os proibia de acreditar que poderia haver uma união entre Deus e a carne humana. A matéria, eles diziam, é essencialmente má. Deus, que é impecavelmente santo, jamais se permitiria ter contato com o mal. A carne humana é matéria, portanto Deus não veio como humano.

É claro que não seria difícil rejeitar esse ensinamento negativo. Bastaria demonstrar o erro da premissa principal, a pecaminosidade inerente à matéria, e a coisa toda desmoronaria. Mas isso seria fazer a razão competir com a razão e tirar do reino da fé o mistério de piedade e transformá-la simplesmente em outra filosofia religiosa. Teríamos, então, racionalismo com um frágil verniz cristão. Quanto demoraria para o verniz descascar e sobrar apenas o racionalismo?

Embora a fé contenha um elemento da razão, ela é essencialmente moral, não intelectual. No Novo Testamento, a descrença é pecado, mas não poderia ser pecado se a crença não fosse mais que um veredicto com base em evidências. Não há nada de irracional na mensagem cristã, mas seu apelo não tem como objetivo primordial a razão. Em um tempo específico e em determinado lugar, Deus tornou-se carne, mas a transcendência de Cristo sobre a consciência humana não é histórica; é íntima, direta e pessoal.

A vinda de Cristo à manjedoura em Belém estava em harmonia com o fato fundamental de sua presença secreta no mundo antes da encarnação como a Luz que ilumina todo homem. A soma dos ensinamentos do Novo Testamento a esse respeito é que as declarações de Cristo não necessitam de comprovação e serão rejeitadas apenas por aqueles que amam o mal. Sempre que pregamos a mensagem de Cristo no poder do Espírito, um tribunal é montado, e cada ouvinte é julgado de acordo com sua reação à mensagem. A responsabilidade moral do ouvinte não está ligada a uma lição de história religiosa, mas à Pessoa divina que agora o confronta.

"Em toda parte, em toda parte, hoje é Natal." Mas Natal significa mais do que se imagina popularmente, ou não significa nada. É melhor decidirmos.

CAPÍTULO 23

Um olhar para trás e outro para frente

Um conhecido escritor francês sugeriu certa vez que é preciso ter poderes intelectuais bem próximos de um gênio para não cair na ilusão das datas comemorativas.

Por não possuir tais poderes, posso apenas olhar melancolicamente para o gigante mental que habita nessa tranquilidade interminável e fazer o que me é possível, rodando em círculos. Sei muito bem que à meia-noite do 31 de dezembro nada vai mudar, a não ser em minha cabeça e na cabeça de outros iguais a mim. *Penso* em um novo ano que é novo somente porque os homens lhe deram esse nome arbitrariamente e sinto que estou passando por cima de uma linha que não existe. Tudo é imaginário; ainda assim, não consigo fugir de sua fascinação.

Para os judeus, o ano novo tem início em uma data e, para os cristãos, em outra, e não podemos esquecer que o calendário mudou bastante desde que o homem começou a contar o tempo em anos. No entanto, é bom comemorar o ano-novo, desde que essa data nos convença a desacelerar e permitir que nossa alma caminhe no mesmo ritmo. E penso que esse é o verdadeiro valor do culto de vigília. Podemos fazer a mesma coisa em qualquer noite do ano, mas provavelmente não o faremos. Portanto, podemos aproveitar o culto de ano-novo para examinar nossa vida e pedir força a Deus para fazer coisas melhores no futuro do que fizemos no passado.

Embora o ato de olhar para trás deva ser minucioso e realista, deve também ser breve, pois recentemente um pastor negro disse ao me ouvir falar: “É difícil escalar um monte olhando para trás”. É bom dar uma rápida olhada por cima dos ombros, porque nos dá equilíbrio e nos faz lembrar que, um dia, teremos de prestar contas de nossas ações.

Para alguns de nós, o ano que passou não foi um período no qual nos comportamos com a nobreza de um cristão, se considerarmos o infinito poder que nos foi dado por meio do Espírito que habita em nós. Mas, pela bondade de Deus, podemos aprender com nossos fracassos. O homem de mente iluminada aprende com seus erros, sim, e até com seus pecados. Se o seu coração for confiante e penitente, ele poderá ser melhor no próximo ano por causa de seus erros no ano anterior, desde que não volte a cometer loucuras. O arrependimento deve ser radical e completo, e o melhor arrependimento por um erro, como Fenelon[11] disse, é não repetir o erro. Charles Wesley chamou o faraó de “penitente inútil” porque se arrependia sob a pressão de cada praga e voltava a pecar tão logo a praga terminava.

Quando buscamos avaliar nossa conduta no ano anterior, temos de ser cautelosos para evitar dois erros opostos: o primeiro é ser condescendentes demais conosco mesmos, e o segundo é ser severos demais.

[11] Talvez o autor se refira a François Fénelon, poeta e escritor francês (1651-1715). [N. do T.]

Ao contrário do que sempre ouvimos, principalmente de certos irmãos fanáticos e inclinados com determinação ao avivamento de acordo com suas ideias, nem sempre prestamos serviço a Deus quando nos açoitamos. O evangélico que se autoflagela e pensa estar agradando a Deus ao infligir castigo a si mesmo está tão longe da verdade, embora na direção oposta, quanto o rabino que declarou com toda a seriedade: "Se há dois homens retos no mundo, somos eu e meu filho; se há um só, sou eu".

Exigir demais de nós mesmos é admitir implicitamente que temos ao menos um pouco de confiança em nossa capacidade moral inata e, claro, admitir também que nossa confiança em Deus é, por consequência, fraca. O homem que se conhece profundamente não espera nada dele próprio e não se decepciona quando deixa de produzir.

O Irmão Lourenço expressou a mais alta sabedoria moral quando declarou que, se tropeçasse e caísse, recorreria imediatamente a Deus e diria: "Ó Senhor, é isto o que podes esperar de mim se me deixares agir por conta própria". Assim, ele aceitou o perdão, agradeceu a Deus e não se preocupou mais com o assunto. Meister Eckhart disse que, quando vencemos o pecado e nos afastamos dele, Deus age como se nunca tivéssemos pecado e jamais permitirá que nossos pecados do passado nos prejudiquem, pois ele é um Deus do presente e aceita o homem da forma que ele está, sem levar em conta seu passado. Evidentemente, tudo isso pressupõe arrependimento e fé verdadeiros e não foi registrado para minimizar o pecado, mas para magnificar a graça.

Já falamos muito do ano passado; mas o que falar do próximo ano? Bom, dizem que há 3 mil promessas nas

Sagradas Escrituras e todas são nossas se soubermos o que fazer com elas. Para o cristão, não existe nenhum território inexplorado. "Depois de conduzir para fora todas as suas ovelhas, [ele] vai adiante delas [...]."[12] As pegadas da ovelha obediente são sempre encontradas dentro das pegadas maiores do Pastor.

Para nós, é totalmente impossível saber o que nos aguarda, mas é possível saber algo muito mais importante. Um estranho pregador americano, porém piedoso, da geração passada disse para nós: "Abraão partiu sem saber para onde ia, mas sabia Quem estava indo com ele". Não podemos saber ao certo qual é a nossa peregrinação terrena e aonde ela nos levará, mas com certeza podemos saber Quem nos conduz. E nada mais importa.

[12] João 10.4. [N. do T.]

CAPÍTULO 24

Comentário em forma de cântico

Comentário, como todos sabem, é um livro escrito por um comentarista, e o comentarista é aquele que comenta o que Deus disse, na esperança de que entendamos as palavras de Deus.

O comentário pode ser bom se soubermos usá-lo e prejudicial se não soubermos. Sua utilidade está em que ele fornece material básico que o cristão comum não é capaz de entender e, assim, quase sempre prova ser uma ajuda verdadeira no estudo da Bíblia.

No entanto, o comentário apresenta também algumas desvantagens e possui, no mínimo, três pontos fracos. Um é que logo se torna conhecido como "autoridade" no assunto. Se as palavras de um homem forem citadas com frequência e ele estiver morto há muito tempo, provavelmente será venerado por seus leitores agradecidos, e seus escritos serão apresentados como oráculos perante o público cristão. A opinião de um comentarista respeitado costuma exercer uma influência tão arbitrária na mente de um protestante quanto à de uma bula papal sobre a consciência de um católico.

Outro ponto fraco de um comentário é que ele tende a destruir a arte da meditação. Achamos mais fácil recorrer ao comentário do que fazer uma reflexão longa e dedicada sobre uma passagem difícil, na esperança de receber uma explicação clara. O hábito de seguir o caminho rápido e indolor para obter conhecimento é particularmente nocivo para o pastor, porque quase sempre o envia ao púlpito com uma armadura emprestada. Mesmo que o que ele aprendeu seja verdadeiro, a informação foi obtida por meio de consulta, não por meio de meditação, e a qualidade certamente será prejudicada.

O terceiro ponto fraco do comentário, ou pelo menos do modo que o comentário se apresenta, é que ele conduz a uma uniformidade de crença não apenas nas principais doutrinas teológicas, o que é desejável, mas também nas menos importantes, o que não é desejável. Digamos que cem pregadores se baseiem nos comentários de Matthew Henry ou Adam Clarke e que cada um seja ouvido por 500 pessoas todos os domingos durante um ano. Resultado: teremos milhares de cristãos aceitando como verdade divina as opiniões religiosas de dois homens competentes e sábios, opiniões que podem, acima de tudo, não passar de suposições instrutivas. Mas, apesar dessas inconveniências, o comentário é uma ferramenta boa e útil para todo cristão ter em mãos.

A maioria dos comentários convencionais, no entanto, torna a leitura pesada. Quase sempre eles andam e, se correm de vez em quando, nunca correm rápido, nem se distanciam muito e raramente voam alto como águias. Por esse motivo, recorro com frequência e muita satisfação ao comentário poético de Charles Wesley, uma obra despretensiosa de apenas 1.100 páginas, impressa em Londres na última década do século XVIII.

Wesley admite que muitos de seus pensamentos são colhidos de outras pessoas, mas uma profunda reverência permeia o todo, e o amor ardente por Deus e a Palavra inspirada exalam em cada página. Nessa obra de tamanho reduzido, é possível abordar apenas os picos brilhantes da verdade, portanto o comentário está longe de ser completo; contudo, em geral o compositor de hinos inclui uma só estrofe em um comentário oportuno, que, se não for informativo, é extremamente estimulante para a imaginação religiosa. Apresento aqui alguns exemplos extraídos da parte sobre o livro de Êxodo.

Quando Deus disse a Moisés que se apresentasse diante do faraó e exigisse a libertação de Israel, Moisés suplicou: "Ó Senhor! Nunca tive facilidade para falar" (4.10). Este é o comentário simples de Wesley:

> Quão pronto está para ir aquele
> Que Deus nunca enviou!
> Quão tímido, receoso e lento
> É o instrumento que ele escolheu!

A respeito do complicado problema pelo fato de Deus ter endurecido o coração do faraó, Wesley apresenta esta interpretação:

> Não seria necessário, Senhor, nenhum ato teu,
> Se o coração do faraó fosse como o meu:
> Mas, se por um momento me deixares só,
> Meu coração em pedra se tornará!

As centenas de páginas de palavras bem elaboradas que foram escritas sobre esse assunto não diziam muito ou não diziam nada.

Wesley acreditava no livre-arbítrio, mas via também a necessidade de uma obra antecipada da graça divina no coração antes que o homem perdido se arrependa. Em sua maneira característica, Wesley transferiu a dureza do coração do faraó para ele próprio:

> Essa é a teimosia do homem!
> Tão profundamente em mim o mal existe!
> Milhares de vezes em vão castigado,
> Eu ainda me levanto contra os Teus julgamentos.
> Nem todos os Teus julgamentos podem converter
> Este pecador, ou este pecado remover,
> A menos que Tu o encontres em Teu coração,
> Para suavizar o meu com Teu amor e perdão.

Como é fácil ler a história dramática do êxodo sem nenhum proveito, mas no comentário musical de Wesley tudo o que aconteceu lá tem um significado para o cristão. Por exemplo, a história toda de Deus transformar a água do Egito em sangue deixa de ser um problema que perturba a mente e torna-se em alegria para o coração. As palavras "A água [...] transformou-se em sangue" recebem este feliz comentário:

> Ele transformou a água deles em sangue,
> Quando a vingança era o Seu terrível desígnio:
> Mas, graças ao Deus encarnado,
> Ele transformou nossa água em vinho!

CAPÍTULO 25

Nossa visão imperfeita da verdade

A alma do homem, diz Matthew Arnold, é um espelho suspenso por uma corda, que se vira a cada brisa, sempre refletindo o que está diante dele, mas nunca refletindo mais que uma pequena parte do todo.

O tamanho do espelho varia de homem para homem, mas ninguém é capaz de compreender o imenso panorama que se encontra adiante de nós e ao nosso redor. O gigante mental tem um espelho maior, com certeza, porém mesmo o maior de todos é pateticamente pequeno.

Visto que sabemos que nossa visão da verdade é parcial, devemos conservar aquela humildade de mente apropriada às circunstâncias, pois, se acharmos que nossa visão é total, seremos intelectualmente intolerantes. Se nos convencermos de que somente a nossa visão é sensível, nossa capacidade de aprender morrerá instantaneamente.

Nenhum de nós deve imaginar que possui uma visão perfeita da verdade. O olho que consegue enxergar toda a verdade imediatamente, sem distorção, certamente não existe neste mundo de homens pecadores; na verdade, não há motivo para questionar se esse olho existe, nem mesmo entre os santos acima de nós. Também não sabemos se essa perfeição é concedida aos redimidos na glória, embora as palavras de Paulo: "Agora conheço em parte; então, conhecerei plenamente, da mesma forma como sou plenamente conhecido" (1Coríntios 13.12b) nos deem motivo para acreditar que, na redenção do corpo, nosso conhecimento será grandemente ampliado. No entanto, está claro que isso não significa conhecimento absoluto. Existe apenas um Absoluto. Infinitude é um atributo que Deus não divide com suas criaturas. "Conhecer como somos plenamente conhecidos" provavelmente não significa "tão plenamente como somos conhecidos", mas "conhecer por experiência direta".

Alguém desenvolveu a teoria de que as denominações religiosas resultam das diferenças de temperamento entre os que compõem o conjunto maior de cristãos; que os novos convertidos procuram uma comunidade de pessoas cujas crenças e ênfases peculiares criam um clima mais adequado ao seu próprio temperamento.

É uma hipótese interessante, porém não leva em consideração todos os fatos. Denominação é apenas "a sombra alongada de um homem", e o homem que produziu a sombra deve ter tido poderosas convicções a respeito de algumas verdades específicas ou, então, não teria fundado a denominação. Aqueles que nasceram na denominação adotam suas ideias sem perceber que existem outras. O rebelde religioso que (como este autor) se converteu a Cristo em um lar sem religião, sem preferência denominacional ou preconceito, provavelmente se ligará à primeira e mais próxima comunidade cristã que encontrar.

O novo convertido sente, com certeza, a necessidade de instrução e assimila qualquer coisa que ouve do púlpito, aceitando não apenas as doutrinas, mas também o que é enfatizado. Logo ele começa a falar a língua do grupo com a mesma entonação. Depois passa a julgar a espiritualidade e a ortodoxia de todos os outros cristãos tanto pela entonação quanto pela linguagem em si.

Infelizmente, a doutrinação do novo cristão quase sempre significa simplesmente oferecer-lhe um curso meticuloso sobre a verdade parcial com o entendimento implícito de que é só isso. Tenho certeza de que essa não é a nossa intenção, mas é o que geralmente ocorre. É claro que isso resulta em intransigência, intolerância e preconceito da mesma forma que o carvalho resulta de uma bolota.

Vi o lema "Nos essenciais, unidade; nos não essenciais, caridade" e tenho procurado encontrá-lo nos homens e nas igrejas, mas não tive sucesso. Um dos motivos é que o cristão não concorda com o que é e com o que não é essencial. Cada um acredita que seu fragmento de verdade é essencial e que o do seu próximo não é essencial, o que nos leva direto ao nosso ponto de partida.

Em minha opinião, a unidade entre os cristãos não se concretizará antes do Segundo Advento. Há muitos fatores que trabalham contra isso. Haveria, porém, um pouco mais de unidade se todos nós abordássemos a verdade com mais humildade. Ninguém é conhecedor de tudo, nem os santos, nem os eruditos, nem os reformadores, nem os teólogos. Até Salomão, em toda a sua glória, não era conhecedor de tudo.

É bom também lembrar que a verdade ocorre tanto no singular quanto no plural. Dentro das Sagradas Escrituras, há verdade e verdades, todas inspiradas e todas úteis, mas certamente nem todas igualmente claras. Homens ilustres e dignos de confiança têm opiniões divergentes a respeito do significado de alguns textos, mas todos trabalharam em prol de suas gerações pela vontade de Deus e partiram. Cristo não disse: “Eu sou as verdades”, mas “Eu sou [...] a verdade” (João 14.6), reunindo nele próprio toda verdade e todas as verdades. Conhecê-lo é conhecer a Verdade pela experiência de vida, mas não é conhecer todas as verdades intelectualmente. Devemos tomar cuidado para que, ao ver uma verdade na Palavra, ela não seja confundida com a Verdade. Há uma grande diferença entre elas.

Para mim, sempre foi muito prazeroso encontrar hinos dos calvinistas Watts, Newton e Cowper no hinário editado pelo arminiano John Wesley. E muitos hinos de Wesley estão ligados aos hinos de Isaac Watts publicados desde 1823.

Dizem que, em seus últimos momentos de vida, Wesley tentou cantar, embora estivesse praticamente sem voz. Alguém se debruçou sobre seu leito e ouviu estas palavras sussurradas deste hino de Watts:

> Adorarei meu Criador enquanto eu viver.
> E, quando a morte me impedir de falar,
> Meus poderes mais nobres o louvarão.

Os detalhes da teologia não são importantes em ocasiões como essa.

CAPÍTULO 26

A importância atribuída à Páscoa

Com o risco dc parecer um pouco mais que ligeiramente repetitivo, quero reforçar outra vez que nós, cristãos, devemos analisar nossa ênfase doutrinária.

Se conhecemos o poder da verdade, devemos enfatizá-lo. A verdade do credo é o carvão inerte nas profundezas da terra à espera de ser liberado. Desenterre-o, coloque-o na câmara de combustão de um motor enorme, e a poderosa energia adormecida há séculos criará luz e calor e fará que as máquinas de uma grande fábrica entrem em ação e se tornem produtivas. A teoria do carvão nunca girou uma roda nem aqueceu um forno. O poder precisa ser liberado para tornar-se eficaz.

Na obra redentora de Cristo, três épocas principais podem ser observadas: seu nascimento, sua morte e sua subsequente ascensão para estar à direita de Deus. Esses são os três pilares principais que sustentam o templo do cristianismo; sobre eles se apoiam todas as esperanças da humanidade, mundo sem fim. Tudo mais que Cristo fez extrai seu significado dessas três ações divinas.

Temos o dever de acreditar em todas essas verdades, mas a grande pergunta é onde colocar a ênfase. Que verdade deve, a determinado tempo, ser mais acentuada? Somos exortados a olhar para Jesus, mas para onde vamos olhar? Para Jesus na manjedoura? Na cruz? No trono? São perguntas mais que acadêmicas. É muito importante recebermos a resposta certa.

É claro que devemos incluir a manjedoura, a cruz e o trono em nosso credo total. Tudo o que é simbolizado por essas três coisas deve estar presente diante dos olhos da fé; tudo é necessário para um entendimento correto do evangelho cristão. Nenhum dogma de nosso credo deve ser abandonado ou posto de lado, porque um está ligado ao outro por um vínculo vivo. Mas, embora toda verdade deva ser sempre considerada inviolável, nem toda verdade deve ser enfatizada todas as vezes de modo igual às outras. Nosso Senhor mencionou isso quando falou do administrador fiel e sensato que deu à casa do seu senhor a "porção de alimento no tempo devido" (Lucas 12.42).

Maria deu à luz seu Filho primogênito e envolveu-o em panos e deitou-o em uma manjedoura. Os magos chegaram para adorar, os pastores ficaram perplexos e os anjos cantaram paz e boa vontade entre os homens. O conjunto dessa cena é tão belo e puro, tão cativante e tão terno, que não existe nada semelhante na literatura do mundo inteiro. Não é difícil entender por que os cristãos tendem a dar tanto destaque à manjedoura, à virgem de olhos meigos e ao Cristo bebê. Em alguns círculos cristãos, o destaque maior recai sobre a criança na manjedoura. Isso é compreensível, mas a ênfase está no lugar errado.

Cristo nasceu para que pudesse tornar-se homem e tornou-se homem para que pudesse "dar a sua vida em resgate por muitos" (Mateus 20.28). Nem o nascimento nem a morte foram um fim em si mesmos. Assim como Cristo nasceu para morrer, ele morreu para que pudesse redimir e ressuscitou para que pudesse justificar gratuitamente todos os que buscam refúgio nele. Seu nascimento e sua morte são história. Sua aparição no propiciatório não é história do passado, mas um fato presente e contínuo, e para o cristão instruído o fato mais glorioso que seu coração confiante pode abrigar.

A época da Páscoa pode ser uma boa ocasião para corrigir nossa ênfase. Devemos lembrar que a fraqueza se encontra na manjedoura; a morte, na cruz; e o poder, no trono. Nosso Cristo não está em uma manjedoura. Na verdade, a teologia do Novo Testamento não apresenta em nenhum lugar o Cristo bebê como objeto de fé salvadora. O evangelho que se detém na manjedoura é outro evangelho e não tem nada de boas-novas. A igreja que ainda se reúne em torno da manjedoura é fraca e tem os olhos embaçados, confundindo sentimentalismo com poder do Espírito Santo.

Da mesma forma que não há agora nenhum bebê na manjedoura em Belém, não há nenhum homem na cruz em Jerusalém. Adorar o bebê na manjedoura ou o homem na cruz é reverter os processos redentores de Deus e fazer o relógio voltar para ele cumprir seus propósitos eternos. Se a igreja colocar sua maior ênfase na cruz, haverá apenas pessimismo, tristeza e remorso infrutífero. Se um homem agonizante abraçar um crucifixo, o que teremos? Dois homens em um leito, sem que um possa ajudar o outro.

A glória da fé cristã é que o Cristo que morreu por nossos pecados ressuscitou para nossa justificação. Devemos nos lembrar de seu nascimento com alegria e meditar em sua morte com gratidão, mas a coroa de todas as nossas esperanças está com ele, à direita do Pai.

Paulo gloriou-se na cruz e recusou-se a pregar outra coisa que não fosse o Cristo, e o Cristo crucificado, mas, para ele, a cruz representava a obra redentora completa de Cristo. Em suas epístolas, Paulo escreve sobre a encarnação e a crucificação, no entanto não se detém na manjedoura nem na cruz, mas conduz constantemente nossos pensamentos para a ressurreição e para cima, para a ascensão e o trono.

"[...] 'Foi-me dada toda a autoridade nos céus e na terra'" (Mateus 28.18), disse nosso Senhor ressurreto antes de subir ao céu, e os primeiros cristãos acreditaram nele e saíram para proclamar seu triunfo. "Com grande poder os apóstolos continuavam a testemunhar a respeito da ressurreição do Senhor Jesus, e grandiosa graça estava sobre todos eles" (Atos 4.33).

Se a igreja mudar sua ênfase da fraqueza da manjedoura e da morte na cruz para a vida e o poder de Cristo no trono, talvez consiga reaver sua glória perdida. Vale a pena tentar.

CAPÍTULO 27

Os ensinamentos de Cristo destinam-se aos cristãos

O assunto do momento é que, se o mundo não quiser sofrer uma aniquilação parcial ou total, ele deve voltar-se para a ética de Jesus. O argumento é mais ou menos este:

No último século, o homem deu um salto à frente nas conquistas científicas, mas deu um grande passo para trás em termos morais, e o resultado é que agora ele é tecnicamente capaz de destruir o mundo e moralmente incapaz de impedir que isso seja feito. Se as nações do mundo se envolverem em um espírito de paz e boa vontade, muito provavelmente um político belicoso disparará seu rifle brilhante no depósito de munições e explodirá o mundo.

No depósito, estão armazenados explosivos nucleares; portanto, se os humanos conseguirem sair ilesos da explosão, disseminarão uma raça de seres subumanos, sem pelos, sem dentes e deformados. Os garotos que produzem histórias em quadrinhos de terror nos permitem visualizar as vítimas trágicas de estrôncio 9 agarrando-se aos escombros que restaram de Nova York ou Londres, emitindo grunhidos símios, totalmente inconscientes do significado dos pedaços de história que pegaram e jogaram fora por falta de paciência.

Ninguém que possua uma pequena dose de piedade humana é capaz de pensar nos efeitos da guerra nuclear sem sentir completa aversão por tal coisa e imensa compaixão por aqueles que podem ser enredados nesse inferno causticante. Nele, a tão antiga falta de humanidade do homem para com o homem terá chegado, por meio da engenhosidade da ciência moderna, ao auge de todos os horrores possíveis.

No entanto, nós, cristãos, seríamos tolos se nos deixássemos levar pelas predições sinistras de homens incrédulos. Sabemos bem que a energia nuclear é teoricamente capaz de eliminar todas as formas de vida deste planeta, inclusive a humanidade. Mas sabemos também que essa catástrofe nunca ocorrerá e que a Terra jamais será habitada por uma raça degenerada de mutantes não humanos que foram expostos a doses exageradas de radiação.

Primeiro, as Sagradas Escrituras dizem aquilo que nunca aprenderemos de outra maneira: dizem o que somos, quem somos, como chegamos aqui, por que estamos aqui e o que devemos fazer enquanto permanecermos aqui. Registram nossa história desde o princípio até hoje e até os séculos e milênios adiante. Acompanham nossa entrada na era atômica, na era espacial e na era dourada. Revelam que, no momento apropriado, a direção do mundo será tirada dos homens e colocada nas mãos do Homem que, sozinho, tem sabedoria e poder para governá-lo.

Estou omitindo os detalhes de propósito, pois são apresentados de modo completo e satisfatório nos textos escritos pelos santos profetas e apóstolos e mencionados por Cristo quando esteve entre nós. A única grande verdade que eu destacaria aqui é que, depois que os senhores da guerra dispararem seu último míssil e lançarem sua última bomba, ainda assim, haverá seres humanos habitando este globo. Depois que o mundo passar pelo combate mortal do Armagedom, a terra continuará a ser habitada por seres humanos; não por seres biológicos anormais, mas por pessoas de verdade como você e eu.

Se o mundo pode livrar-se da aniquilação somente se adotar a ética de Jesus, podemos também nos resignar à explosão inevitável, porque uma parte enorme da população da terra é controlada pelos comunistas, cuja ideologia básica é violentamente anticristã. E eles estão determinados a eliminar qualquer traço de cristianismo do meio deles. Há outros grupos enormes não cristãos que desejam permanecer sempre assim. O Ocidente, é verdade, honra verbalmente o cristianismo, mas o egoísmo, a ganância, a ambição, o orgulho e a luxúria dominam o coração de quase todos os governantes dessas terras. Embora falem bem de Cristo de vez em quando, a qualidade total da conduta deles nos deixa um pouco em dúvida se são muito influenciados por seus ensinamentos.

A esperança de que as nações aceitem a ética de Jesus, se desarmem e vivam como irmãos é completamente irreal e ingênua. Em primeiro lugar, os ensinamentos de Jesus nunca foram dirigidos às nações do mundo. Nosso Senhor enviou seus seguidores ao mundo inteiro para fazerem discípulos e os batizarem. Os discípulos deviam observar os mandamentos de Cristo. Tornaram-se, pois, um grupo minoritário, um povo especial no mundo, mas não do mundo, às vezes tolerado, porém quase sempre desprezado e perseguido. E a história demonstra que é exatamente o que acontece sempre que grupos de pessoas levam o evangelho a sério.

Esperar das nações impenitentes uma conduta possível apenas aos seguidores de Cristo, regenerados, purificados e guiados pelo Espírito, é confundir a verdade do cristianismo e esperar o impossível. Nas Escrituras, as nações da terra são simbolizadas pelo leão, pelo urso e pelo leopardo. Os cristãos, em nítido contraste, são semelhantes a ovelhas pacíficas no meio de lobos e conseguem permanecer vivos somente se ficarem perto do Pastor. Se as ovelhas não agem como o urso, por que devemos esperar que o urso aja como a ovelha?

É recomendável a nós, cristãos, ouvirmos menos os comentaristas de notícias e ouvirmos mais a voz do Espírito. E os profetas inspirados comprovarão ser um ótimo antídoto para os cientistas não inspirados.

CAPÍTULO 28

O declínio da boa leitura

Os hábitos de leitura do cristão evangélico nos Estados Unidos, até onde pude observar, são terrivelmente prejudiciais e chegam a tolher o desenvolvimento espiritual do crente e impedir o progresso da fé que ele professa ter.

O efeito da palavra impressa é tão poderoso sobre o caráter humano que a leitura de bons livros não é apenas um privilégio, mas também uma obrigação, e o hábito de ler livros de baixa qualidade é, sem dúvida, trágico.

Evidentemente, não me refiro às publicações da imprensa sem escrúpulos. Penso que podemos assumir com segurança que nenhum cristão se rebaixaria a ponto de ler obscenidades literárias vendidas às ocultas na banca de jornais da esquina ou em um canto escondido da livraria. Ao falar de livros de "baixa qualidade", refiro-me ao lixo religioso despejado hoje em dia pelas várias editoras que se dizem cristãs. Toneladas desse material são produzidas todos os anos para satisfazer um mercado que uma produção anterior ajudou em grande parte a criar.

Esse lixo religioso é, na maioria, ficção e tem três finalidades: ajuda a engordar a conta bancária do "romancista" evangélico que o escreve; mantém a editora no mercado; alimenta os apetites depravados, ou pelo menos subdesenvolvidos, dos cristãos pela metade que não gostam de leitura séria e que devoram o alimento falsificado da imprensa com a mesma avidez que o gato devora o creme. E, se eu pudesse escolher, escolheria o gato, porque o creme é saboroso e nutritivo, ao passo que os romances religiosos em geral não possuem nutrientes e são apenas saborosos para aqueles cujas papilas gustativas foram corrompidas por exposições prolongadas à literatura cristã, que, verdade seja dita, não é cristã nem literatura.

Se o cristão se desviar do caminho e ler um livro pernicioso em segredo, como se fosse um colegial lendo pornografia oculta dentro de um livro de geografia, espera-se que ele caia em si mais tarde, abandone o chiqueiro e volte para a casa do pai. Mas o que dizer quando livros perniciosos se tornam parte do currículo dos cristãos evangélicos aprovado por quase todas as igrejas? O que fazer quando livros com o nível mental de uma criança de 10 anos de idade são aclamados como obras de arte e recebem elogios exagerados da imprensa religiosa? O que dizer quando as histórias de amor melodramáticas e as aventuras arrepiantes de uma geração atrás são contadas por nossos modernos autores religiosos com uma dose de diálogo piedoso inserido entre abraços de amor tórridos ou artificialidades do tipo "baixe essa arma, cara" para santificar o que seria uma produção totalmente maligna?

Por não ser submetido a nenhuma coação externa, o público cristão aceita com naturalidade o que ele gosta; e aparentemente ele gosta de literatura religiosa inferior. Se a consciência protesta contra a perda de tempo e a energia envolvidas no hábito crônico de ler trivialidades literárias, o argumento é logo derrubado porque praticamente todos aprovam essas coisas, que também são aprovadas por quase todas as editoras que as publicam e pelas livrarias que as vendem.

Então, o que uma consciência frágil pode fazer contra essas tremendas possibilidades?

Tudo isso está de acordo com a falsa e atual filosofia entre nós, que sustenta que ler qualquer texto religioso é melhor que não ler nada; portanto, continuamos a produzir mediocridades literárias, enfadonhas, amadoras, inexpressivas e dedicadas à proposição de que tudo é válido, mesmo que apenas em um lugar do livro alguém diga que todos devem nascer de novo. Mesmo que o livro não contenha estilo e substância, se ele incluir uma declaração favorável ao evangelho aqui e ali, os líderes evangélicos o abençoarão com seu *nihil obstat quominus imprimatur* [nada contra sua publicação]. Na verdade, é difícil demais dizer que a literatura religiosa inexpressiva passou a ser sinal de identificação do evangelicalismo. É lamentável que nos contentemos em deixar a qualidade a cargo dos católicos e liberais.

Por que o cristão evangélico de hoje acha que ler ótimos livros é algo quase inalcançável para ele? Será que a capacidade intelectual do evangélico de hoje é inferior à de seu pai espiritual de duzentos anos atrás?

A resposta à primeira pergunta é um pouco complicada, mas a segunda pode ser respondida com facilidade e corretamente com um enfático "não". Os poderes intelectuais não diminuem de uma geração para outra. Somos tão inteligentes quanto nossos antepassados. Qualquer pensamento que eles tiveram, nós também podemos ter, se estivermos suficientemente interessados em nos esforçar nesse sentido.

A causa principal do declínio na qualidade da atual literatura cristã não é intelectual; é espiritual. Para colher os frutos de uma grande obra religiosa, há necessidade de uma dose de consagração a Deus e de desligamento do mundo que alguns poucos cristãos modernos têm experimentado. Não temos dificuldade de entender os cristãos que nos precederam, os místicos, os puritanos, mas eles habitam as terras altas onde o ar é fresco e rarefeito e aonde só os apaixonados por Deus podem chegar.

Em vez de escalar a montanha, escolhemos cavar nossas cavernas rasas um pouco acima do fundo do vale. Nossos humores e emoções espirituais se deterioraram. Comemos, bebemos e nos levantamos para brincar. Assimilamos nossa instrução religiosa na forma de história, e qualquer coisa que exija meditação nos aborrece. E os autores e as editoras contribuem para nossa negligência por nos fornecerem grande quantidade de material nada religioso para satisfazer nosso apetite carnal.

Ó vós americanos, a nossa boca está aberta para vós, o nosso coração está alargado!

"[...] dedique-se à leitura [...]" (1Timóteo 4.13).

CAPÍTULO 29

O caminho da cruz

"As coisas chegaram a tal ponto", disse um famoso inglês com irritação, "que agora é permitido que a religião interfira em nossa vida particular".

A essa frase podemos responder que as coisas chegaram a um ponto pior, no qual um homem inteligente que vive em um país protestante pode fazer tal observação. Será que esse homem nunca leu o Novo Testamento? Nunca ouviu falar de Estêvão? De Paulo? Ou de Pedro? Nunca pensou nos milhões de pessoas que seguiram Cristo com alegria até sofrerem morte violenta, repentina ou prolongada, porque não permitiram que a religião interferisse em sua vida particular?

No entanto, devemos deixar esse homem com sua consciência e seu Juiz e examinar nosso próprio coração. Talvez ele tenha apenas expressado com franqueza aquilo que alguns de nós sentimos secretamente. Até que ponto nossa religião interferiu radicalmente no modo em que conduzimos nossa vida? Talvez seja melhor responder primeiro a essa pergunta.

Acredito há muito tempo que o homem que rejeita completamente a fé cristã é mais respeitado diante de Deus e dos poderes celestiais que o homem que finge ter religião, mas se recusa a submeter-se totalmente a ela. O primeiro é um inimigo declarado, e o segundo é um amigo falso. É o último que será vomitado da boca de Cristo, e não é difícil entender o motivo.

Uma das figuras que representa o cristão é a de um homem carregando uma cruz. "[...] 'Se alguém quiser acompanhar-me, negue-se a si mesmo, tome diariamente a sua cruz e siga-me'" (Lucas 9.23). O homem que carrega a cruz não controla mais seu destino; perdeu o controle quando pegou sua cruz. A cruz imediatamente tornou-se um interesse de total absorção para ele, uma interferência avassaladora. Seja o que for que ele queira fazer, há apenas uma coisa que ele pode fazer, ou seja, caminhar em direção ao lugar da crucificação.

O homem que não tolera interferência não se sente obrigado a seguir Cristo. "Se alguém quiser", disse nosso Senhor, e, assim, deu liberdade a todos os homens e colocou a vida cristã no centro da escolha voluntária.

No entanto, nenhum homem pode fugir da interferência. Lei, dever, fome, acidente, desastres naturais, doença, morte, tudo interfere em seus planos e, no decorrer do tempo, não há nada que ele possa fazer quanto a isso. A longa experiência com as rigorosas necessidades da vida ensinou ao homem que essa interferência se interporá mais cedo ou mais tarde, portanto ele aprende a fazer o que pode com o inevitável. Aprende a permanecer rodando em círculos onde a interferência é mínima. Os mais corajosos podem desafiar o mundo, ampliar o círculo de alguma forma e, assim, aumentar o número de seus problemas, mas ninguém convida as adversidades para fazerem parte de sua vida. A natureza humana não foi construída dessa maneira.

A verdade é uma excelente professora, mas cruel também. Não pede conselho, não negocia nem faz concessões. E grita do alto dos montes:

> Prefiram a minha instrução à prata,
> e o conhecimento ao ouro puro (Provérbios 8.10).

Depois disso, cada homem decide sozinho. Ele pode aceitar ou recusar, receber ou desprezar como lhe aprouver; e não haverá nenhuma tentativa de coerção, embora o destino todo do homem esteja em jogo.

Se um homem se apaixonar pela Sabedoria Eterna e, em seu coração, decidir conquistá-la, ele assumirá para si uma busca em tempo integral, totalmente envolvente. Depois disso, ele terá pouco espaço para outras coisas. Dali em diante, toda a sua vida girará em torno de buscar e encontrar, de autonegação, de disciplinas rígidas e de morrer todos os dias, porque está sendo crucificado para o mundo, e o mundo para ele.

Se este mundo não fosse pecaminoso, o caminho da verdade seria suave e fácil. Se a natureza do homem não tivesse sofrido um imenso desvio moral, não haveria discordância entre o caminho de Deus e o caminho do homem. Imagino que no céu os anjos atravessam mil milênios serenos sem sentir a mais leve discordância entre seus desejos e a vontade de Deus. Mas não é o que ocorre entre os homens na terra. Aqui "quem não tem o Espírito não aceita as coisas que vêm do Espírito de Deus" (1Coríntios 2.14) e "a carne deseja o que é contrário ao Espírito; e o Espírito, o que é contrário à carne. Eles estão em conflito um com o outro" (Gálatas 5.17). Nessa disputa, só pode haver um resultado. Devemos nos submeter a Deus e deixar o caminho a cargo dele. Sua glória e nosso eterno bem-estar exigem que seja assim.

Outro motivo pelo qual a religião deve interferir em nossa vida particular é que vivemos no mundo, o nome bíblico para a sociedade humana. O homem regenerado foi separado interiormente da sociedade da mesma forma que Israel se separou do Egito na travessia do mar Vermelho. O cristão é um homem do céu vivendo temporariamente na terra. Embora seja dividido, em espírito, da raça dos homens caídos, ele deve viver na carne entre eles. E é semelhante a eles em muitos aspectos, mas em outros a diferença é tão radical que eles não podem deixar de ver e de ressentir-se disso. Desde os dias de Caim e Abel, o homem da terra castiga o homem do céu por ser diferente. A longa história de perseguição e martírio confirma o que digo.

No entanto, não devemos ter a impressão de que a vida cristã é um conflito contínuo, uma luta irritante e ininterrupta contra o mundo, a carne e o Diabo. Mil vezes não. O coração que aprende a morrer com Cristo logo conhece a experiência abençoada de ressuscitar com ele, e todas as perseguições do mundo não podem silenciar o alto som de alegria santa que brota da alma que passou a ser a morada do Espírito Santo.

CAPÍTULO 30

Há necessidade de uma reforma dentro da igreja

O primeiro olhar da igreja é em direção a Cristo, que é sua cabeça, seu Senhor e seu tudo.

Depois disso, ela deve levar em consideração seus interesses e os interesses do mundo, com um equilíbrio adequado entre os dois.

Quando digo "seus interesses", não me refiro a egocentrismo. Quero dizer que a igreja deve fazer uma autoanálise constante para saber se está na fé (v. 2Coríntios 13.5); deve envolver-se em rígida autocrítica e estar pronta e alegre para reparar erros; deve viver em uma condição de penitência perpétua, buscando a Deus de todo o coração; deve verificar constantemente sua vida e conduta à luz das Sagradas Escrituras e alinhar-se com a vontade de Deus.

Quanto a "interesses do mundo", quero dizer que a igreja tem de saber por que está aqui na terra; que ela tem de reconhecer sua dívida com a humanidade (v. Romanos 1.14,15); que ela tem de levar a sério as palavras do Senhor: "[...] 'Vão pelo mundo todo e preguem o evangelho a todas as pessoas'" (Marcos 16.15) e "[...] serão minhas testemunhas em Jerusalém, em toda a Judeia e Samaria, e até os confins da terra" (Atos 1.8).

A tarefa da igreja é dupla: propagar o cristianismo por todo o mundo e ter certeza de que o cristianismo que ela propaga é o cristianismo genuíno do Novo Testamento.

Na teoria, a semente, sendo a Palavra de Deus, deve produzir o mesmo tipo de fruto, qualquer que seja a condição espiritual dos que a semeiam. Mas não é assim que funciona. A mensagem idêntica pregada aos idólatras por homens de níveis de piedade diferentes produz tipos diferentes de convertidos e resulta em uma qualidade de cristianismo que varia de acordo com a pureza e o poder do pregador.

O cristianismo sempre se reproduz de acordo com sua espécie. Quando uma igreja não espiritual e com a mente voltada para o mundo cruza o oceano para dar seu testemunho aos povos de outras línguas e de outras culturas, certamente apresenta a eles um cristianismo muito parecido com o dela.

Não é apenas a Palavra em si, mas o caráter do testemunho, que determina a qualidade do convertido. A igreja não pode fazer mais do que se transplantar. O que ela é em um país será no outro. Uma maçã do tipo Gala não se transforma em maçã do tipo Fuji se for transportada de um país para outro. Deus escreveu sua lei de modo profundo em todas as espécies de vida; tudo deve se reproduzir de acordo com sua espécie.

A ideia comum de que a primeira obrigação da igreja é a de propagar o evangelho às partes mais longínquas da terra é falsa. Sua primeira obrigação é ser espiritualmente digna de propagá-lo. Nosso Senhor disse: "Vão" (Mateus 28.19), mas disse também: "Esperem" (Atos 1.4), e a espera tinha de vir antes da ida. Se os discípulos tivessem partido como missionários antes do dia do Pentecoste, teria sido um tremendo desastre espiritual, porque teriam feito convertidos semelhantes a eles, e isso teria alterado para pior toda a história do mundo ocidental, com consequências nos séculos vindouros.

Propagar um tipo de evangelho decadente e degenerado em terras pagãs não é cumprir o mandamento de Cristo nem cumprir nossa obrigação para com os idólatras. Estas terríveis palavras de Jesus assombram minha alma: "Ai de vocês [...] porque percorrem terra e mar para fazer um convertido e, quando conseguem, vocês o tornam duas vezes mais filho do inferno do que vocês" (Mateus 23.15).

Converter homens do judaísmo dentre as nações gentias era uma coisa totalmente boa e certa de se fazer. Milhares de felizes convertidos foram ganhos para a religião de Moisés durante os anos de influência espiritual de Israel; mas, na época de Cristo, o judaísmo havia afundado tanto que seu trabalho missionário causou malefícios em vez de benefícios.

Aparentemente, seria lógico que uma igreja subnormal e sem poder não se envolvesse na atividade missionária, mas, de novo, os fatos contradizem a teoria. Os grupos cristãos que, muito tempo antes, haviam perdido qualquer traço de chama moral, continuam a crescer nos lares e se reproduzem em outras terras. Na verdade, quase não existe uma seita paralela ou um culto herético nestes dias, mas seu sucesso é surpreendente entre os povos atrasados do mundo.

A ala evangélica da igreja voltou-se, nos anos recentes, para os interesses do mundo em uma escala extraordinária. Nos últimos vinte anos, a atividade missionária evangélica em campos estrangeiros aumentou tremendamente. Mas em tudo isso há um ponto fraco perigoso. Esse ponto fraco é a suposição ingênua de que temos somente de alcançar a última tribo com nossa marca de cristianismo e o mundo todo será evangelizado. É uma suposição que não ousamos fazer.

Hoje o cristianismo evangélico, pelo menos nos Estados Unidos, encontra-se tragicamente abaixo do padrão do Novo Testamento. O mundanismo é uma parte aceita de nosso modo de vida. Nossa inclinação religiosa é social, não espiritual. Perdemos a arte da adoração. Não estamos produzindo pessoas consagradas. Nossos modelos são empresários de sucesso, atletas e artistas famosos. Realizamos nossas atividades religiosas de acordo com os métodos do anunciante moderno. Nossos lares transformaram-se em teatros. Nossa literatura é superficial, e nossos hinos chegam à beira do sacrilégio. E quase ninguém parece se importar. Precisamos ter cristãos melhores em breve, senão na outra metade do século o cristianismo verdadeiro não mais existirá. Números maiores de semicristãos não são suficientes. Necessitamos de uma reforma.

CAPÍTULO 31

Os perigos do excesso de liberdade

A liberdade não tem preço. Onde está presente, quase todos os tipos de vida são prazerosos. Quando não existe, a vida não pode ser desfrutada; é apenas tolerada.

Embora milhões de pessoas tenham morrido em defesa da liberdade e todos a elogiem, ela tem sido tragicamente mal compreendida por seus defensores e gravemente ferida na casa de seus amigos. Penso que a dificuldade está em nosso fracasso de distinguir as diferentes formas de liberdade: liberdade no sentido de não estar preso, de não ser escravo, e liberdade ligada a permissão, liberdade concreta.

Para o cristão, há uma liberdade dentro de limites. Ele tem liberdade para obedecer às leis sagradas, cumprir os mandamentos de Cristo, servir à humanidade, desenvolver ao máximo todas as possibilidades latentes dentro de nossa natureza redimida. Mas a verdadeira liberdade cristã não nos deixa livres para satisfazer nossas luxúrias ou seguir nossos impulsos pecaminosos.

O desejo de liberdade ilimitada causou a queda de Lúcifer e a destruição dos anjos que pecaram. Eles queriam liberdade para fazer o que desejassem e, para conseguir isso, jogaram fora a bela liberdade que significa liberdade para fazer a vontade de Deus. E a raça humana os acompanhou em seu trágico erro moral.

Para qualquer pessoa que se preocupa em pensar um pouco, é evidente que, no Universo, não existe essa história de liberdade absoluta. Somente Deus é livre. É inerente à criatura humana que sua liberdade deve ser limitada pela vontade do Criador e pela natureza da coisa criada. A glória do céu está na qualidade da liberdade desfrutada por aqueles que nele habitam. Os que chegaram "aos milhares de milhares de anjos, em alegre reunião, à igreja dos primogênitos, [...] aos espíritos dos justos aperfeiçoados" (Hebreus 12.22,23) estão em liberdade para cumprir todos os amplos propósitos de Deus, e essa liberdade lhes garante uma felicidade infinitamente maior do que a liberdade ilimitada pode oferecer.

A liberdade ilimitada em qualquer área da vida humana é mortal. No governo, é anarquia; na vida doméstica, amor livre; na religião, antinomianismo.[13] As células mais livres do corpo são as células cancerígenas, mas elas matam o organismo onde se desenvolvem. Uma sociedade saudável exige que seus membros aceitem uma liberdade limitada. Cada um deve restringir sua liberdade para que todos sejam livres, e essa lei se aplica a todo o Universo criado, inclusive o Reino de Deus.

O excesso de liberdade enfraquece tudo o que ela toca. O grão de trigo produz fruto somente quando abre mão de sua liberdade e se submete às leis da natureza. A sabiá pode voar durante o verão inteiro desfrutando sua liberdade, mas, se quiser ter um ninho cheio de filhotes, deve permanecer sentada durante semanas, como se fosse um cativeiro voluntário, enquanto o mistério da vida é gestado sob suas penas macias.

[13] Negação da importância das leis divinas para a vida do cristão. [N. do T.]

Ela tem uma escolha: ser livre e não procriar, ou restringir sua liberdade e gerar filhotes.

Em uma sociedade livre, todo homem deve decidir se aproveita sua liberdade ou se a restringe para fins inteligentes e morais. Ele pode assumir a responsabilidade de uma empresa e de uma família e ser útil à raça humana, ou pode esquivar-se de todas as obrigações e acabar na sarjeta. O andarilho é mais livre que o presidente ou o rei, mas sua liberdade o leva à ruína. Enquanto vive, permanece socialmente estéril; e, quando morre, não deixa o mundo nem um pouco feliz por ele ter vivido.

O cristão não pode escapar do perigo do excesso de liberdade. De fato, ele é livre, mas essa liberdade pode ser motivo de verdadeira tentação para ele. O cristão é livre dos grilhões do pecado, livre das consequências morais de atos maus que foram perdoados, livre da maldição da Lei e da indignação de Deus. A graça abriu a porta da prisão para ele e, como o Barrabás da Antiguidade, anda em liberdade porque Outro morreu em seu lugar.

O cristão bem informado sabe de tudo isso e recusa-se a permitir que falsos mestres e religiosos mal orientados coloquem um jugo de escravidão em seu pescoço. Mas agora o que ele fará com sua liberdade? Há duas possibilidades. Ele pode aceitar sua liberdade conquistada pelo sangue como um manto para a carne, como o Novo Testamento declara que alguns fizeram, ou pode ajoelhar-se como o camelo para receber voluntariamente seu fardo. E qual é esse fardo? Os infortúnios de seus companheiros, que ele faz o possível para aliviar; a dívida, que ele, junto com Paulo, tem para com o mundo perdido; o som de crianças famintas chorando à noite; a igreja no cativeiro da Babilônia; a rápida investida de doutrinas malignas e o sucesso dos falsos profetas; a lenta decadência dos fundamentos morais das chamadas nações cristãs e tudo mais que exija autossacrifício, carregar a cruz, longas vigílias de oração e testemunho corajoso para aliviar e corrigir.

Cristianismo é a religião da liberdade, e democracia é liberdade em uma sociedade organizada, mas, se continuarmos a interpretar mal essa liberdade, provavelmente logo não teremos nem cristianismo nem democracia. Para proteger a liberdade política, os homens livres precisam impor a si mesmos uma obrigação voluntária; para preservar a religião da salvação pela graça gratuita, um grande número de cristãos deve abrir mão de seu direito de liberdade e comprometer-se a carregar uma carga maior do que carregou antes.

Quando em perigo, o país pode recrutar homens para lutar por sua liberdade, mas não há ninguém recrutado no exército do Senhor. Para carregar a cruz, o cristão deve pegá-la por conta própria. Nenhuma autoridade pode nos compelir a alimentar os famintos, evangelizar os perdidos, orar por avivamento e nos sacrificar por amor a Cristo e pelo bem da humanidade sofredora.

O cristão ideal é aquele que sabe que é livre para fazer o que quiser e deseja ser servo. Esse é o caminho que Cristo seguiu; feliz é o homem que o segue.

CAPÍTULO 32

Os dias de nossos anos

Alguns dias depois que estas palavras forem impressas, o velho ano de nosso Senhor fará companhia ao longo desfile de anos e séculos que caminha em direção às sombras de um passado que não voltará.

No ano que acaba de terminar, o mundo escreveu a história não com tinta, mas com sangue e lágrimas; não no silêncio de uma sala de leitura, mas na violência, terror e morte nas ruas das cidades e nas fronteiras das nações; e outra história mais amena, porém mais significativa, foi escrita pelas incríveis demonstrações de poder ao enviar objetos feitos por mãos humanas para girarem em torno da Lua e do Sol.

O mais importante, contudo, é que cada um de nós também escreveu a história. O fato de a igreja ter feito história não é tão significativo quanto a história que você e eu fizemos. O que é feito por um grupo só se torna possível porque pessoas estiveram trabalhando. Uma empresa não pode trabalhar como uma empresa nem será julgada como tal. Paulo, por inspiração, disse que cada pessoa enfrentará o julgamento sozinha:

> Sua obra será mostrada, porque o Dia a trará à luz; pois será revelada pelo fogo, que provará a qualidade da obra de cada um. Se o que alguém construiu permanecer, esse receberá recompensa. Se o que alguém construiu se queimar, esse

> sofrerá prejuízo; contudo, será salvo como alguém que escapa através do fogo (1Coríntios 3.13-15).

E novamente:

> Pois todos nós devemos comparecer perante o tribunal de Cristo, para que cada um receba de acordo com as obras praticadas por meio do corpo, quer sejam boas quer sejam más (2Coríntios 5.10).

Naquele dia, não haverá nenhum esconderijo na multidão. Cada um se apresentará carregando seu próprio livro de história embaixo do braço. Devemos, portanto, fechar reverentemente o livro do ano que terminou; nós o veremos de novo.

A cada um dos felizardos que conseguir atravessar o ano de 1959, Deus concederá 365 dias divididos em 8.760 horas. Dessas horas, 2.920 serão passadas dormindo, e cerca do mesmo número, no trabalho. Um número igual nos foi dado para passarmos em reverente preparação para o momento em que os dias, os anos e o tempo deixarão de existir. Que oração seria mais espiritualmente apropriada que a de Moisés, homem de Deus, citada a seguir?

> Ensina-nos a contar os nossos dias
> para que o nosso coração
> alcance sabedoria (Salmos 90.12).

É importante lembrarmos que todos os nossos dias nos são concedidos pela absoluta misericórdia de Deus não conquistada, imerecida e, acima de tudo, receio dizer, mal-agradecida. Por causa do pecado, nossa vida está perdida; Deus não nos deve nada. O sino que toca anunciando a morte do ano que passou pode tocar justamente para nós. Somente pela bondade infinita de Deus é que ainda estamos vivos para ver o rosto uns dos outros. Cada ano é uma dádiva da graça de Deus, e cada dia, um bônus imerecido.

Penso que todos nós aceitamos nossos dias como um fato óbvio. Dizemos no início de cada ano: "Este pode ser o último" e decidimos corrigir nossos erros; mas, logo depois de alguns dias, esquecemos nossa decisão e voltamos a ser atrevidos e arrogantes, enganados pela aparente abundância de dias que nos são concedidos, amontoados, sacudidos e atropelados. Mas tudo tem um fim. O vaso vai à fonte com muita frequência; a velha árvore enfrenta muitas tempestades e despenca com grande ruído do monte; o coração tão forte enfraquece finalmente e para de bater.

Deve ter sido no encerramento de um ano que Moisés fez sua melancólica oração pedindo sabedoria para lidar com seus dias. E foi na velhice que Jacó se apresentou diante do faraó e confessou:

> [...] "São cento e trinta os anos da minha peregrinação. Foram poucos e difíceis e não chegam aos anos da peregrinação dos meus antepassados" (Gênesis 47.9).

Esses homens eram sábios, disciplinados, maduros, familiarizados com os caminhos dos homens e experientes nos caminhos do Senhor. Valorizavam os dias e os anos. É bom aprendermos a fazer o mesmo.

Contudo, não recomendo que encerremos o ano com um tom sombrio. A marcha, não o canto fúnebre, sempre fez parte da música do cristianismo. Se somos bons alunos na escola da vida, os anos têm muito a nos ensinar. Mas o cristão é mais que aluno, mais que filósofo. É alguém que crê, e o objeto de sua fé faz a diferença, a poderosa diferença.

Entre todas as pessoas, o cristão deve ser o mais bem preparado para tudo o que o ano novo traz. Ele lida com a vida desde seu início. Em Cristo, ele eliminou mil inimigos que outros homens devem enfrentar sozinhos e despreparados. E pode enfrentar o amanhã com alegria e sem medo, porque ontem ele trilhou os caminhos da paz e hoje vive em Deus. O homem que faz de Deus sua morada terá sempre uma habitação segura.

Charles Wesley, o trovador fascinado por Deus, escreveu e cantou um hino para quase todas as ocasiões. Na manhã de seu aniversário, ele compôs um cântico de louvor a Deus. Vamos nos apropriar dele e adaptar duas estrofes para o nascimento do ano novo.

> Toda honra e louvor
> Ao Pai da graça,
> Ao Espírito e ao Filho eu volto;
> Ele me fez cumprir o objetivo
> E regozijar-me por ter nascido.
> Os dias que me restam,
> Eu passo louvando quem morreu
> Para o mundo inteiro redimir:
> Sejam eles muitos ou poucos,
> Meus dias lhe pertencem,
> E são todos dedicados a ele.

CAPÍTULO 33

Frequentando a escola sem aprender nada

Quando nos convertemos ao cristianismo, ingressamos na escola de Cristo. Ficamos sob a tutela direta do Espírito Santo e devemos subir normalmente, em estágios, em direção à perfeição espiritual. Mas não é o que a maioria de nós faz.

Quando saíram do Egito, os filhos de Israel passaram a ser alunos da escola prática de Deus, mas eram lentos para aprender, às vezes não aprendiam nada ou, em momentos decisivos, esqueciam tudo o que haviam aprendido. O Antigo Testamento é uma leitura útil não por causa de algumas virtudes reveladas sobre Israel, mas porque nele vemos a grande bondade e paciência de Deus diante de um povo apático e mal-intencionado que frequentava a escola sem aprender nada.

Uma vez que não podia ou não queria aprender por experiência, o povo de Israel foi derrotado, oprimido e despojado várias vezes e, por fim, rejeitado completamente, espalhando-se pelo mundo. A presença dos judeus em todas as partes do mundo comprova isso.

O fato de Israel ter o dever de aprender e não ter aprendido não prova que eles eram menos inteligentes que nós; ao contrário, prova que eram muito semelhantes a nós. Em vez de condenar presunçosamente uma nação por sua insensatez, é melhor examinar a nós mesmos para não cairmos também, porque a história da igreja não é melhor que a de Israel. Antes de o último livro do Novo Testamento ter sido escrito, a igreja havia iniciado o mesmo ciclo que marcou Israel no passado: aprender e esquecer, levantar-se e cair, pecar e arrepender-se. E, depois de transcorridos mil e novecentos anos, continuamos na mesma situação.

Um provérbio diz que tudo o que aprendemos com a história é que não aprendemos nada com ela. Essa verdade é demonstrada claramente nos registros das denominações religiosas. Quase todas as denominações começaram com uma revolta contra um erro teológico ou formalidade no culto, conduta mundana, externalismo ou tirania eclesiástica. Um homem descontente e com grande anseio espiritual associou-se a alguns outros com modo de pensar semelhante. Esses tiveram, ou logo receberam, clara experiência religiosa que os apressou a testemunhar e a zelar por seus esforços. Normalmente, eles se desfaziam da carga das complexidades religiosas e voltavam à simplicidade e espiritualidade. Tão grande foi o alívio que aqueles que se apressaram para associar-se a eles sentiram que haviam reconquistado a glória da igreja primitiva, e nenhum deles teria acreditado que seu precioso grupo de cristãos apaixonados por Deus poderia esquecer-se disso.

Contudo, esqueceram. Ou, se não esqueceram, a geração seguinte esqueceu. Uma das anomalias da religião é que a segunda geração de membros de um movimento espiritual geralmente volta ao cativeiro do qual seus pais fugiram pouco tempo antes. Mesmo com muitos exemplos tristes para adverti-los, eles ainda caminham como que hipnotizados ou como sonâmbulos direto para o cativeiro. Não aprendem com a experiência dos outros.

O mesmo se aplica às igrejas locais. Grande parte das próprias pessoas que fogem da confusão do mundo ou de uma igreja morta em busca da liberdade espiritual de uma igreja viva, quando eleitas para ocupar posições de influência na nova comunidade, logo começam a introduzir nessa comunidade as mesmas práticas que mataram sua antiga igreja e as afastaram dela. Pouco a pouco, uma prática antibíblica, um ídolo, um bezerro de ouro aparecem para entristecer o Espírito e sufocar a vida das pessoas. E nada do que alguém venha a dizer conseguirá impedir essa marcha rumo ao declínio.

A escola na qual os cristãos ingressam fornece muitas lições, todas ensinadas pelo mais sábio de todos os mestres; mas tudo depende de nossa reação. Infelizmente, muitos de nós aprendemos pouco e logo esquecemos o pouco que aprendemos. Ouvimos grandes pregadores, como Demas ouvia Paulo, sem aprender nada; conhecemos cristãos consagrados sem nos sentir incentivados a ter uma vida mais santa; vemos respostas milagrosas a orações e não nos tornamos pessoas melhores. As circunstâncias providenciais organizam as aulas; o Mestre é sábio e paciente; somente o discípulo não se beneficia do ensino.

Uma criança que, por negligência, não aprende nada na escola é culpada de provocar sérias perdas. Ela está desperdiçando o dinheiro pago pelos pais ou pelos contribuintes, e o talento e a energia de cada um que se dedicou a ensiná-la também são desperdiçados. E pode-se dizer o mesmo a respeito do cristão idiota, que está desperdiçando os esforços penosos de cada pastor ou professor que tentou ajudá-lo.

Há algumas almas nobres que conseguiram chegar com grande esforço a um lugar de grande poder e pureza espirituais sem praticamente ninguém para colaborar com elas e com pouquíssimo material educativo para ajudá-las na busca por Deus e pelas coisas sagradas. Não deveríamos nos envergonhar por estar cercados de tanta variedade de ajuda e, ainda assim, aprender tão pouco?

Quanto sofrimento é desperdiçado em nós! O castigo é um professor severo, mas há grandes riquezas a serem conquistadas em sua escola. É importantíssimo ingressar naquela escola com coração humilde e mente aberta.

Sim, é possível frequentar a escola sem aprender nada. Para todos nós, o último sino tocará em breve. É melhor estudarmos bastante antes que a hora chegue.

CAPÍTULO 34

Os piores pecados

Um grande pregador, já falecido, que eu ouvia com interesse e satisfação, às vezes gritava dramaticamente: "Deus nunca classifica o pecado".

Com essas palavras, ele tinha a intenção de protestar contra a atitude descuidada em relação a certas formas de pecado e, nesse contexto, concordo com ele. No entanto, Deus classifica, sim, o pecado, da mesma forma que a lei da terra e a consciência de todo homem o classificam.

Assim como várias serpentes diferem umas das outras quanto ao poder letal, os vários pecados carregam diferentes tipos de veneno, todos nocivos, mas não igualmente nocivos, e seu poder de lesão depende do nível de concentração da iniquidade que carregam.

Dentro da esfera da religião, às vezes são encontrados certos pecados que eu gostaria de mencionar aqui. Eles podem ser classificados em três categorias: pecados cometidos por fraqueza, pecados toleráveis mais ou menos aceitos por todos e pecados que foram entrelaçados no tecido religioso até que se tornaram parte necessária dele.

Não há desculpa para nenhum pecado. Todo pecado carrega sua própria punição. Mas o pecado cometido por impulso ou o pecado cometido por fraqueza, apesar dos protestos do coração, certamente não carrega a mesma carga de culpa que os cometidos com desfaçatez. Há uma completa libertação desse pecado pelo poder de Cristo; e há essa certeza porque ele provoca tristeza em quem o cometeu.

Os pecados da segunda categoria são aqueles com os quais a igreja consente, ou pelo menos é conivente com eles, como orgulho, vaidade, egoísmo, leviandade, mundanismo, glutonaria, mentiras "brancas", honestidade duvidosa, falta de compaixão pelos desventurados, complacência, absorção na vida cotidiana, amor ao prazer, rancor armazenado, avareza, mexerico e vários hábitos torpes não citados nas Escrituras, mas que são expressamente proibidos.

Esses pecados são tão comuns que chegam a ser aceitos pelas igrejas em geral e não são mencionados de forma alguma ou são mencionados com um meio sorriso pelos pastores. Embora não sejam tão bombásticos como uma tremenda bebedeira no fim de semana ou tão dramáticos como uma violenta explosão de raiva, são, no longo prazo, mais mortais que qualquer um, pois são raramente reconhecidos como pecado e quem os comete praticamente nunca se arrepende deles. Continua anos após anos entristecendo o Espírito e enfraquecendo a vida da igreja, enquanto todos continuam a falar da fé verdadeira e a fingir piedade, sem saber que há algo errado.

Há outro tipo de pecado, que, por ser tão torpe, deve estar acima dos que foram mencionados e muito próximo do pecado imperdoável. É o tipo de pecado que se incorporou à estrutura da religião popular e é necessário ao seu sucesso. Nunca vi ninguém se afastar desse pecado depois de envolver-se com ele. É um pecado que destrói completamente suas vítimas.

Vou ser específico para que ninguém fique conjeturando. Refiro-me aos métodos usados por vários líderes para promover o cristianismo e por meio dos quais conseguem uma espécie de sucesso, mas eles são basicamente perversos. Aqui vão alguns exemplos:

Fornecer informações falsas sobre o tamanho das multidões, sobre o número dos que aceitaram o convite e sobre a impressão que causaram na cidade. Usar truques de psicologia conhecidos de todos os apresentadores de espetáculos, fingindo piedosamente que são obras do Espírito Santo. Orar com humildade fazendo pedidos na presença de pessoas abastadas e sugestionáveis e depois confirmar solenemente ter recebido resposta à oração. Criar a grande fama de serem homens de fé quando todo o procedimento se baseia em um engenhoso conhecimento da natureza humana. Firmar contratos com publicitários para que seus nomes apareçam diante do público e permitir que se espalhe no exterior a impressão de que tudo resulta de um interesse público espontâneo.

Existem ainda outros pecados mortais dentro dos próprios círculos que fingem ser os mais piedosos de todos, como, por exemplo, confessar que sentem grande compaixão pelos enfermos, dirigir reuniões gigantescas com o propósito de curar enfermos, mas separando dissimuladamente os casos sem esperança dos menos sérios e mais suscetíveis a serem psicologicamente sugestionados, e enriquecer o tempo todo à custa do infortúnio e sofrimento da humanidade. Alguns desses profetas possuem grandes propriedades, dirigem carros de luxo e ostentam fabulosa riqueza associada a equipamentos, enquanto as multidões sofredoras cujo sangue eles sugaram mancam, rastejam ou são carregadas para participar das reuniões.

Uma investigação sobre um homem desse tipo, levada a efeito por alguns pastores piedosos, revelou que ele contratava pessoas saudáveis para que fingissem ser curadas por meio da oração. Quando teve de prestar contas a respeito de seus atos, ele explicou que fazia isso para "encorajar os fracos na fé". Mentira e engano faziam parte deliberadamente dos métodos sugeridos pelo Espírito Santo.

Outros baseiam tudo no poder do dinheiro e da personalidade, mas testificam que confiam plenamente no poder do Espírito. E muitos introduzem em sua obra religiosa todo tipo de truques conhecidos no mundo, destruindo exatamente aquilo que professam respeitar.

Há prova suficiente da insensibilidade moral desses homens que se ofendem com violência quando essas coisas são mencionadas. E outra prova do sucesso de seus métodos é que o próprio público que eles traem corre para defendê-los.

CAPÍTULO 35

Conformismo, uma armadilha na religião

Conformismo é a virtude do escravo e pode tornar-se o defeito do cristão.

A história ensina-nos uma lição sombria de que populações inteiras se escravizam à vontade de um líder político ambicioso se ele lhes prometer segurança e alguns centavos a mais no pagamento diário. E, com muita frequência, depois de ter entregado a vida a ele por conformismo, elas descobrem que só receberam os poucos centavos a mais depois de longas horas de trabalho pesado e que a segurança de que mais necessitam é proteção de seu protetor.

O ditador, seja ele político, seja religioso, deve ser capaz de distribuir pequenos favores aos fiéis, e estes estão sempre a seu alcance. Tais favores são como o peixe atirado a uma foca por sua exibição, ou como o sal, que nos tempos antigos era colocado perto do ponto de tocaia para que o cervo cauteloso se aproximasse da arma de antecarga.[14] E conformismo é a característica que o ditador deve ter se quiser que suas ordens ditatoriais sejam cumpridas.

No entanto, conformismo dentro dos limites é positivo. O músico deve adaptar-se às leis da harmonia; o engenheiro, às leis da física; e o agricultor, à lei do desenvolvimento

[14] Arma antiga carregada pela "boca" do cano. [N. do T.]

daquilo que ele planta. Se eu quiser aprender uma nova língua, vou ter de me submeter à sua gramática, ao seu vocabulário e seu estilo. E só é possível existir sociedade civilizada porque a maioria de seus cidadãos se amolda com moderação às leis da vida civilizada.

Depois de dizermos essas palavras de elogio ao conformismo, não sobra quase nada de bom para descrevê-lo. Daqui em diante, é tudo praticamente maligno. É maligno porque pode ser, e quase sempre é, usado por poucos dominadores para escravizar muita gente maleável.

Quase todas as pessoas de boa alma não são conformistas. Milhões de pessoas menos dotadas como nós podem agradecer a Deus pelos inflexíveis inconformados que lutaram nossas batalhas por nós, em geral muito antes de termos nascido, porque ousaram se levantar e desafiar o *status quo*.

Cada vitória conquistada na área do governo não foi conseguida por multidões, mas por alguns inconformados que colocaram a vida na linha de frente e se recusaram a aceitar a liderança de homens indignos de ocupar o posto de líder. Horrorizados, os guardiões do *status quo* reviraram os olhos em direção ao céu e suplicaram ao Deus que julgavam ser o protetor dos conformados, para salvar sua posição imerecida e suas bolsas abarrotadas de dinheiro dos rebeldes vulgares. Mas a oração deles não foi ouvida. Deus estava ao lado dos inconformados. A liberdade que nós do Ocidente desfrutamos hoje é um presente de Deus — e de nossos inconformados antepassados.

Nós, protestantes, devemos nossa liberdade religiosa e a bênção de poder abrir a Bíblia aos homens cujas sepulturas hoje construímos com satisfação, mas a quem não teríamos ajudado com tanta disposição se tivéssemos vivido na época em que o fruto de suas lutas era duvidoso.

O conformismo com a Palavra de Deus é sempre correto, mas a obediência a líderes religiosos é boa somente se esses líderes provarem ser dignos de liderar. Liderança na igreja de Cristo é uma liderança espiritual e deve ser entendida por todos. Para ser líder, não basta apenas ser eleito pelo povo.

Em nossos círculos evangélicos atuais, corremos o grande perigo de nos conformar exageradamente com as autoridades dentro das igrejas e, assim, reprimir toda originalidade e ousadia que porventura existam entre nós. Uma denominação corre grande perigo quando a única virtude exigida de seus pastores é o conformismo, e o único pecado eclesiástico imperdoável é a insubordinação.

Tal situação se desenvolve quando as autoridades da igreja são colocadas em seus postos por vontade humana, não por terem sido comissionadas pelo Espírito Santo. A fim de continuar no poder, esses líderes devem exigir e obter conformismo para que as leis sejam cumpridas por seus subordinados. Essa gente prefere liderar uma denominação de conformistas medíocres a se sentir constrangida pela presença de homens ungidos e de visão que podem, sem querer, conquistar o coração de seus seguidores. Assim, quando alguém parece estar ligeiramente acima do nível achatado do conformismo, é gentilmente posto para fora, aparentemente para proteger a obra do Senhor, mas, na verdade, para reter o controle da máquina eclesiástica.

Nenhum homem conduzido pelo Espírito tem medo de perder sua posição dentro de uma igreja cheia do Espírito. Onde a igreja é considerada nada mais que uma instituição, todo homem que ocupa uma função respeitável na hierarquia procura conservar seu precioso posto ou garantir um mais alto. Então, ele procura uma técnica de sobrevivência, e, com o passar dos anos, o conformismo forçado é a técnica mais empregada pelo maior número deles.

Se a igreja deseja prosperar espiritualmente, ela deve ter uma liderança espiritual, não uma liderança eleita pela maioria de votos. É extremamente importante notar que, quando o apóstolo Paulo descobriu que é necessário pedir obediência entre as igrejas jovens, ele nunca lhes pediu para ocupar um posto por meio de eleição. Ele reivindicou sua autoridade como um apóstolo nomeado pelo Chefe da igreja. Ocupou essa posição pelo direito de pura influência espiritual, o único direito terreno que deve ser respeitado pelos filhos da nova criação.

Na igreja ou denominação em que o Espírito Santo está no controle, não há conformismo forçado. Há uma feliz cooperação da parte de todos para com os líderes ungidos. Os soldados rasos do rei reconhecem seus líderes verdadeiros. Eles são os únicos que não possuem insígnias nos ombros, mas possuem o óleo da unção na testa.

CAPÍTULO 36

A popularidade de Cristo

Um dos fenômenos mais incríveis no mundo de hoje é a imensa e universal popularidade de Jesus Cristo.

Quase todas as principais religiões são cordiais com ele, e até aquelas que não reconhecem sua divindade o respeitam. Praticamente todo culto encontra, de alguma forma, um lugar para Cristo em seu sistema. Filosofia, psicologia, ciências — todas o citam com aprovação. Grandes empresas, que trabalham de acordo com princípios exatamente opostos a tudo o que ele ensinou, ajoelham-se sempre diante dele. O mundo do entretenimento demonstra estar satisfeito com Cristo, e a imagem dele que projetam é sempre calorosa e atraente. O nome de Cristo exerce um fascínio sobre políticos e pugilistas, bem como sobre chefes de escoteiros e presidentes da Associação de Pais e Mestres. Ele é uma figura que sempre ofusca heróis históricos como Abraham Lincoln e atuais celebridades como Dag Hammarskjold[15] e Albert Schweitzer.[16] Seu prestígio mantém-se constantemente no topo, seja quem for que, no momento, esteja em alta nas manchetes dos noticiários.

No entanto, os ensinamentos de Cristo são totalmente contrários às crenças do mundo moderno. A filosofia espiritual

15 Na época, secretário-geral da Organização das Nações Unidas. [N. do T.]

16 Teólogo, filósofo, médico e missionário e um dos precursores da bioética. [N. do T.]

implícita no Reino de Deus é radicalmente oposta à da sociedade civilizada. Em resumo, o Cristo do Novo Testamento e o mundo da humanidade são tão nitidamente opostos um ao outro quanto o equivalente a uma hostilidade. É impossível chegar a um acordo.

Podemos apenas concluir que Jesus é universalmente popular hoje por ser universalmente mal compreendido.

Todos admiram Jesus, mas quase ninguém o leva a sério. Ele é considerado um idealista bondoso que amava as criancinhas e os desvalidos. É descrito como um meigo sonhador, ingênuo a ponto de acreditar na bondade humana e corajoso a ponto de morrer por seus princípios. O mundo pensa nele como alguém manso, altruísta e amoroso e o valoriza porque ele foi aquilo que todos nós somos no fundo ou seríamos caso as circunstâncias não fossem tão difíceis e tivéssemos mais tempo para cultivar nossas virtudes. Ou ele é um símbolo terno e santo de algo muito belo, lindo demais para ser real, mas um estojo de pedras preciosas das quais não abriríamos mão.

Uma vez que a mente humana tem dois compartimentos, o prático e o ideal, as pessoas conseguem viver confortavelmente com seu conceito sonhador e romântico de Jesus, mas sem prestar atenção nas palavras dele. É essa nítida divisão entre a fantasia e a realidade que capacita um número incontável de pessoas dizerem "Senhor, Senhor" com toda a sinceridade, embora vivendo cada momento em total rebeldia à sua autoridade.

Se alguém se levantasse na Assembleia Geral das Nações Unidas e prestasse uma homenagem a Jesus Cristo, provavelmente nenhum dos presentes, nem mesmo um comunista, faria objeção. Mas, se um representante sugerisse que um assunto controvertido fosse resolvido com base nos ensinamentos de Cristo, ele seria rejeitado com desdém. Cristo é aceito como ornamento moral, mas ninguém naquela respeitável assembleia deseja que ele seja algo mais.

Não é de admirar. A Organização das Nações Unidas é organizada por Adão. É o esforço de última hora para construir uma torre de segurança que chegará ao céu. O primeiro homem Adão está tentando organizar algo sobre a carne que dure ao longo dos séculos, e o último Adão declara que isso não pode ser feito. O último Adão — Cristo — é bem aceito pelo primeiro Adão só porque seus ensinamentos são quase totalmente desconhecidos pelos homens deste mundo, e ele, Cristo, é completamente mal compreendido.

Na realização do propósito eterno de Deus, a sociedade do primeiro Adão e a sociedade do último Adão, embora totalmente opostas, podem coexistir por algum tempo, mas não muito (v. Hebreus 12.26,27). A carne pode admirar o espírito enquanto se recusa a acompanhá-lo, ou pode compreender mal o espírito e acreditar que ela é espiritual em si, embora esteja mergulhada na corrupção.

A última, creio eu, explica a atual popularidade de Cristo no mundo. A contradição entre Cristo e a sociedade não regenerada é nítida e irreconciliável, porém o contraste entre a sociedade e sua ideia errônea de Cristo é dificilmente percebida. Portanto, o mundo pode respeitar a imagem de Cristo e ignorar seus mandamentos sem peso na consciência.

O que, no entanto, deveria nos preocupar seriamente não é que o mundo respeite Cristo sem lhe obedecer, mas o que a igreja faz. Os homens deste mundo vivem sem se preocupar com os ensinamentos de Cristo, mas, ao fazer isso, estão coerentes com sua posição. Não fizeram nenhum voto ao Senhor nem vivem sob sua autoridade. Quando, porém, um cristão despreza o mandamento de Cristo, é culpado de pecar duplamente. Desrespeita os votos sagrados, é culpado de rebelar-se contra Deus e comete o pecado grotesco de chamar Jesus de Senhor com suas palavras e negar o senhorio de Jesus com seus atos.

Se alguém duvidar que os cristãos, até os cristãos da Bíblia, desprezam habitualmente os ensinamentos de Cristo, que esse alguém se levante durante uma assembleia de sua igreja ou denominação e cite uma passagem proferida por nosso Senhor como a autoridade final sobre uma questão perante todos. Ele logo verá que as palavras de Cristo têm muito pouca influência sobre o pensamento da média dos participantes.

Os cristãos de hoje desenvolveram o hábito perigoso de aceitar a autoridade do Novo Testamento sobre assuntos que não lhes dizem respeito e rejeitá-la sobre assuntos que lhes dizem respeito. E o mesmo ocorre em muitas igrejas. Jesus é muito conhecido, mas não tem poder. Certamente há necessidade de outra reforma.

CAPÍTULO 37

O senhorio do homem Jesus é básico

Nestes tempos, vivemos sob a tentação constante de substituir o Cristo do Novo Testamento por outro Cristo. A tendência toda da religião moderna caminha para essa substituição.

Para evitar isso, devemos manter firme o conceito de Cristo como as Escrituras da verdade apresentam de modo tão claro e simples. Ainda que um anjo dos céus pregue uma mensagem diferente do evangelho do Cristo dos apóstolos, ele será rejeitado imediatamente e com intrepidez (v. Gálatas 1.8).

A mensagem poderosa e revolucionária da igreja primitiva era que um homem chamado Jesus, que havia sido crucificado, ressuscitou dentre os mortos e foi exaltado à direita de Deus. "Portanto, que todo o Israel fique certo disto: Este Jesus, a quem vocês crucificaram, Deus o fez Senhor e Cristo." (Atos 2.36)

Menos de trezentos anos após o Pentecoste, os defensores da fé, duramente pressionados, redigiram um manifesto resumindo os ensinamentos do Novo Testamento que se relacionam com a natureza de Cristo. O manifesto declara que Cristo é:

> Deus da substância de seu Pai, gerado desde toda a eternidade; homem da substância de sua mãe, nascido no mundo;

> Deus perfeito e homem perfeito, com alma racional e subsistindo em carne humana; igual a seu Pai segundo a divindade; menor que o Pai segundo a humanidade. Embora seja Deus e homem, contudo não são dois, mas um só Cristo. É um, não porque a divindade se tenha convertido em humanidade, mas porque Deus assumiu a humanidade. Um, não por confusão de substâncias, mas pela unidade da Pessoa. Pois, assim como a alma racional e a carne formam um só homem, assim Deus e o homem são um só Cristo.

Mesmo entre aqueles que reconhecem a divindade de Cristo, costuma haver uma falha em reconhecer sua humanidade. Somos rápidos em afirmar que, quando esteve na terra, Cristo era *Deus com homens*, mas deixamos de lado uma verdade igualmente importante, ou seja, onde Cristo está assentado agora em seu trono intercessor, ele é *homem com Deus*.

O Novo Testamento ensina que agora, neste exato momento, há um Homem no céu manifestando-se na presença de Deus por nós. Certamente ele é um homem como foram Adão, Moisés ou Paulo. Ele é um homem glorificado, mas sua glorificação não o torna menos humano. Hoje ele é um homem verdadeiro, da raça humana, com nossas características e dimensões, um homem visível e audível que qualquer outro homem reconheceria imediatamente como um de nós.

Contudo, mais que isso, ele é herdeiro de todas as coisas, Senhor de todos os mundos, cabeça da igreja e o primogênito da nova criação. Ele é o caminho para Deus, a vida do cristão, a esperança de Israel e o sumo sacerdote de todos os verdadeiros adoradores. Tem nas mãos as chaves da morte e do inferno e é o advogado e fiador de todos os que creem nele verdadeiramente.

E não é tudo o que podemos dizer a respeito de Cristo, pois, se tudo o que pode ser dito fosse dito, "penso que nem mesmo no mundo inteiro haveria espaço suficiente para os livros que seriam escritos" (João 21.25). Mas, em resumo, este é o Cristo que pregamos aos pecadores como a única saída para se livrarem da ira que virá. Com Cristo estão as mais nobres esperanças e sonhos dos homens. Todos os anseios por imortalidade que surgem e tomam conta do peito humano serão satisfeitos nele, ou então isso jamais acontecerá. Não há outro caminho (v. João 14.6).

A salvação não vem por "aceitar a obra consumada" ou por "decidir por Cristo"; vem por crer no Senhor Jesus Cristo, o Senhor pleno, vivo e vitorioso que, como Deus e homem, lutou em nosso lugar e venceu, aceitou nossa dívida como se fosse dele e pagou-a, assumiu nossos pecados, morreu sob o peso deles e ressuscitou para nos libertar. Esse é o Cristo verdadeiro, e não há nada que o substitua.

No entanto, há algo menor entre nós, e fazemos bem em identificá-lo para que possamos rejeitá-lo. Esse algo é uma ficção poética, produto da imaginação romântica e da fantasia religiosa piegas. É um Jesus meigo, sonhador, tímido, doce e feminino, quase efeminado, e maravilhosamente adaptável a qualquer sociedade na qual ele se encontre. Atrai sentimentos de ternura das mulheres decepcionadas com o amor, é prestigiado por celebridades do momento e recomendado por psiquiatras como modelo de personalidade bem integrada. Em geral, é usado como meio para quase todos os fins carnais, mas nunca reconhecido como Senhor. Os quase cristãos seguem um quase Cristo. Querem sua ajuda, mas não sua interferência. Elogiam-no, mas nunca lhe obedecem.

O argumento dos apóstolos é que o homem Jesus foi feito mais alto que os anjos, mais alto que Moisés e Arão, mais alto que qualquer criatura na terra ou no céu. E essa posição exaltada ele a conquistou *como homem*. Como Deus, ele já estava infinitamente acima de todos os outros seres. Não há necessidade de nenhum argumento para provar a transcendência da divindade. Os apóstolos não declararam a preeminência de Deus, o que seria supérfluo, mas a preeminência de um homem, o que era necessário.

Os primeiros cristãos creram que Jesus de Nazaré, o homem que conheceram, foi elevado à posição de Senhor do Universo. Ainda era amigo deles, ainda era um deles, mas os deixara por uns tempos para estar na presença de Deus em favor deles. E a prova disso foi a presença do Espírito Santo entre eles.

Hoje uma das causas de nossa fraqueza moral é a cristologia inadequada. Pensamos em Cristo como Deus, mas não o imaginamos como um homem glorificado. Para recuperar o poder da igreja primitiva devemos acreditar no que eles acreditavam. E eles acreditavam que tinham um Homem aprovado por Deus que os representava no céu.

CAPÍTULO 38

A ameaça da imagem comum

Estes meados do século XX serão, sem dúvida, conhecidos na história como o período da democracia generalizada, falsa ou não, mas sempre fortemente influenciada pelo socialismo. Há muito nivelamento ocorrendo entre nós ultimamente, mas, como o dr. Samuel Johnson observou em sua época, os niveladores sempre querem nivelar por baixo, de acordo com o nível deles, nunca para cima. E, como a maioria dos que se proclamam niveladores começa bem abaixo na escala, o efeito total na sociedade não tem sido para elevar, mas para rebaixar.

Todos os familiarizados com a língua inglesa sabem que a palavra "comum" pode também ter o significado de vulgar, o que normalmente ocorre. A pessoa vulgar é alguém de mau gosto, não apenas grosseira e mal-educada, mas que gosta de ser assim. Como esse tipo de pessoa quase sempre faz parte da maioria, diz-se que ela é comum. E é essa pessoa comum que, infelizmente, se tornou modelo para as massas na sociedade humana.

O presente clamor depois da conclusão do curso universitário por um grande número de nossos jovens sugere que talvez as pessoas estejam se cansando de ser comuns e queiram ter um padrão de vida mais elevado e mais nobre. Mas isso é ilusão. Seja o que for que nosso ensino superior possa fazer por nós teoricamente, o fato é que a enxurrada de formandos despejada a cada ano na sociedade não exerce nenhum efeito dignificante sobre ela. Ao contrário, a sociedade conduz rapidamente o formando para que ele siga seu modo de pensar e viver.

A vulgaridade é uma doença do espírito humano e não se cura com educação, viagem ou profundo conhecimento de óperas ou obras de arte. A vulgaridade pode falar um inglês correto e viver em um lindo sobrado, mas é conhecida pelo que ela é, por suas atitudes, seus princípios morais e suas aspirações, ou pela falta deles.

O cristão verdadeiro é incomum porque não faz parte da maioria; é tão diferente do mundo em que vive quanto Abraão era diferente dos habitantes de Canaã. Provavelmente, é modesto, humilde, acessível, sem ares de grandeza ou superioridade, mas seus padrões morais, suas atitudes em relação a fama, dinheiro, prazeres do mundo, vida e morte o marcam como um ser de outro mundo.

É o costume que destrói a aspiração e faz de cada homem uma cópia de todos os outros. "Ai de ti, torrente dos hábitos humanos", escreveu Agostinho.

> Quem há que impeça teu curso? Quando te secarás? Até quando irás arrastar os filhos de Eva a esse mar imenso e tenebroso, que apenas logram passar os que embarcam sob o lenho da cruz? [...] E, contudo, ó torrente infernal, em ti se precipitam os filhos dos homens.

O grande erro do mundo é aceitar sem reservas aquilo que alguém chama de "a justiça do costume". Os valores, atitudes e práticas da maioria em qualquer época passam a ser um código aceito como obrigatório para todos os membros da sociedade. Todo desvio desse código por parte de alguém atrai atenção imediata, e ele pode até ser acusado de ser "doente mental". A menos que meu palpite esteja errado, acho que os defensores do costume estão se preparando para usar a ameaça de acusar a pessoa de doente mental como um chicote para colocar todos na linha. Incidentalmente, tentaram fazer isso com Jesus, mas não funcionou.

É uma lei da natureza humana que as pessoas tendem a ser semelhantes àquelas que mais admiram. A longa, profunda e contínua admiração pode alterar toda a estrutura da mente e do coração e transformar o admirador em algo completamente diferente do que ele era.

Por esse motivo, é de suma importância que nós, cristãos, sigamos os exemplos certos. Não basta dizer que nosso exemplo deve ser Cristo. Embora seja verdade, é também verdade que Cristo é conhecido principalmente pelo modo de vida dos seus seguidores, e, quanto mais destacados e mais eloquentes forem esses seguidores, mais poderosa será sua influência sobre a camada mais comum de cristãos. Se os exemplos forem imperfeitos, todo o padrão de vida cristã sofrerá por consequência.

Uma sagrada obrigação repousa sobre cada um de nós para ser semelhante a Cristo. Esta geração de cristãos deve ter exemplos que possam ser admirados com segurança. Esse não é o principal motivo para buscar a santidade, mas é poderoso. Muitos cristãos novatos nos tomam como exemplo. Mais tarde, eles se desligarão de nós e aprenderão a fixar os olhos diretamente no Senhor; nesse meio-tempo, para melhor ou para pior, somos a ideia que eles têm do que é ser cristão.

É um fato maravilhoso e assustador que devemos enfrentar e, na medida do possível, lidar com ele.

Temos a grande obrigação de fazer tudo o que estiver ao nosso alcance para destruir a imagem "comum" que hoje é aceita como padrão para os homens que estão dentro e fora da igreja. As nações necessitam de homens incomuns para dirigi-las, e a igreja necessita de cristãos incomuns. E é melhor levar todo este assunto a sério.

CAPÍTULO 39

A derrota de Satanás ligada à sua loucura moral

O Diabo é sábio, e astúcia é tudo o que podemos atribuir corretamente a ele, uma vez que julgamento moral sólido é um ingrediente da sabedoria que o Diabo não possui.

Uma reflexão mais profunda exige que modifiquemos nossa opinião de que ele é astuto no sentido mais verdadeiro da palavra, pois um dos significados de astúcia é a capacidade de idealizar um plano bem-sucedido, e aparentemente o Diabo é incapaz de fazer isso. O verdadeiro astuto não se deixa cair na própria armadilha, mas o Diabo já caiu na armadilha dele não somente uma, mas muitas vezes.

O estrategista astuto sabe quando atacar e quando recuar e se retirar. Essa é uma estratégia que o Diabo parece desconhecer. A história bíblica mostra que ele foi longe demais com muita frequência e derrotou seus propósitos repetidas vezes.

Um exemplo disso foi a onda de ódio que ele lançou sobre os hebreus no Egito. O faraó teve uma boa ideia (assim ele pensava) quando conseguiu recrutar todos os homens saudáveis do povo hebreu para trabalharem gratuitamente para ele. Um grande exército de operários passou a fazer tijolos para atender às necessidades do ramo de construção do Egito, e os tijolos não custavam nem um centavo ao faraó. Eram fabricados por meio de trabalho escravo. Se o faraó tivesse sido sábio, ou mesmo astuto, teria reduzido um pouco a pressão sobre os hebreus e continuaria a receber os benefícios desse trabalho escravo durante anos. No entanto, ele impôs condições impossíveis, levando os hebreus aflitos a se ajoelharem, e Deus veio em socorro deles. Certamente o Diabo passou por cima de seus próprios limites naquela vez.

Na época de Ester, o malvado Hamã deu ouvidos às lisonjas de Satanás e decidiu tentar destruir os judeus. O resultado revelou a insensatez desse esforço. Os judeus foram libertados, e Hamã foi dependurado na própria forca que construíra para seu odiado inimigo, o judeu Mardoqueu. Enquanto o corpo de Hamã balançava na forca que ele construíra para outra pessoa, a loucura da injustiça foi exposta de tal forma e a tal ponto que deve ter surpreendido Satanás. O mundo de hoje sabe, ou pode saber se quiser, que toda forca construída para destruir homens de bem será usada para enforcar o construtor dela. A justiça pode ser muito demorada, porém o mal será finalmente enforcado. Satanás não sabia disso, ou, se sabia, nunca teve a intenção de que o segredo fosse revelado; de qualquer forma, sua suposta astúcia o fez fracassar.

Portanto, a longa e implacável guerra de Satanás contra a igreja jamais teve sucesso, o que em parte se deve à sua insensatez. Em sua fúria, ele derramou o sangue de milhões de homens e mulheres tementes a Deus, mas sempre o sangue do mártir se transformou em semente da igreja. "Todavia, quanto mais eram oprimidos, mais numerosos se tornavam e mais se espalhavam" (Êxodo 1.12a). Essas palavras que se referiam a Israel descrevem exatamente as condições dos cristãos no decorrer dos séculos. Se Satanás tivesse sido o estrategista astuto que diz ser, teria desistido, muito tempo atrás, de tentar exterminar o cristianismo por meio de ataque direto; no entanto, suas tentativas continuam em muitas partes da terra e, ao fazer isso, ele está conquistando a simpatia das próprias pessoas que procura destruir. Isso não revela sabedoria, mas uma dose enorme de maldade cega.

Por causa da Palavra de Deus e do testemunho que deu sobre Jesus Cristo, o apóstolo João foi exilado na ilha deserta que se chama Patmos (v. Apocalipse 1.9) e, se a tradição for verdadeira, ele foi enviado para trabalhar nas minas. Mas, da mina onde se encontrava, João viu muito mais do que qualquer rei viu de seu trono; dessa mina, ele viu muito mais do que qualquer astronauta viu ao orbitar a Terra, porque o rolo de pergaminho da história futura foi aberto diante dele e lhe foi permitido ver a revelação dos propósitos de Deus até o dia em que a nova Jerusalém descer do céu, vinda de Deus.

João teria causado menos problemas ao Diabo se tivesse permanecido em Éfeso. Se tivesse recebido permissão para cumprir tranquilamente seus deveres na igreja, poderia envelhecer com conforto sem dar ao mundo uma visão da queda do império de Satanás e do encarceramento dele no lago de fogo. Podemos apenas concluir que, quando atacou João, Satanás não sabia como as coisas se desenvolveriam e que ele não é tão astuto quanto supõe ser.

Do ponto de vista de Satanás, a morte do homem Jesus Cristo foi outro disparate. Em seu ódio, ele perseguiu Jesus Cristo a ponto de provocar a união dos judeus com os gentios para destruir o Homem cuja presença era uma condenação e um julgamento para eles e para ele. Deus, porém, transformou a cruz em um altar, e, enquanto os homens perversos viam Jesus morrer na cruz acreditando que se livrariam dele para sempre, por meio do Espírito Eterno ele estava se oferecendo sem mácula a Deus como sacrifício expiatório pelos pecados do mundo. Certamente isso nunca passou pela cabeça de Satanás quando ele decidiu matar o Homem a quem conhecia instintivamente como seu grande inimigo. A ressurreição de Cristo foi sua derrota mais impressionante.

Um pormenor que nunca devemos esquecer: Satanás é muito astuto em relação a cada um de nós, e confiar em nossa sabedoria é o caminho certo para a derrota. Deus transformou a sabedoria original de Satanás em uma loucura embutida que não lhe permite alcançar seus fins perversos. Ele fez do mal o seu bem, e, neste mundo moral governado por um Deus justo, o mal não é capaz de vencer.

CAPÍTULO 40

O homem e a máquina

Considerações ao ver um homem dirigindo com orgulho um carro grande e luxuoso:

Ele dirigia o carro com imponência, braços esticados carinhosamente sobre o volante, nariz ligeiramente empinado, e em seu rosto uma expressão de total contentamento. Havia alcançado seu objetivo. Demonstrava diante de todos os mundos sua razão de viver. Esse era nada mais, nada menos, que o fim principal do homem.

Alguém não poderia deixar de sorrir; no entanto, a cena não era engraçada, pois aquele homem representava os milhões de pessoas que, de modo semelhante a ele, haviam adotado uma filosofia de vida profundamente errada e comprometedora. Se houvesse apenas um homem assim, eu poderia ter me enganado facilmente quando eles apenas demonstram os resultados do trabalho firme e ininterrupto, dia após dia dos criadores de imagem em todos os meios disponíveis de comunicação em massa, para fazer o homem pensar o que eles querem que ele pense.

O erro não está no carro, mas na atitude do homem em relação a ele. O que foi planejado para ser uma ferramenta útil foi desvirtuado e transformou-se em símbolo de superioridade e razão de viver. Há um caráter religioso nisso tudo. O homem é enredado em uma falácia da qual não pode se livrar. Isso tem efeitos perversos em sua vida atual e moldará seu caráter para sempre.

Perdi há muito tempo a esperança de promover qualquer mudança significativa na filosofia de vida do mundo. Se eu me preocupasse unicamente com os caminhos do mundo, este livro jamais teria sido escrito; mas, quando os filhos de Deus aceitam os valores do mundo, é hora de um cristão se manifestar. A Babilônia pode ter seus deuses, seu modo de vida peculiar e seus padrões morais. É quando Israel começa a adotá-los que o profeta de Deus se torna responsável por se levantar e clamar contra eles.

O homem no carro de luxo está pensando erroneamente a respeito dele próprio, dos outros e de tudo o que se relaciona a ele e aos outros. Está totalmente enganado como aquele que desce do ônibus em Londres e acredita estar em Nova York. Ele não deve ser culpado nem censurado por esse erro, porque simplesmente se enganou, se enganou terrivelmente, e precisa que alguém o trate com paciência como alguém que está perdido, porque sem dúvida está, pelo menos por ora.

Alguém deveria explicar-lhe que "a vida de um homem não consiste na quantidade [no requinte] dos seus bens" (Lucas 12.15). Ele deve aprender que a excelência de qualquer coisa se encontra na perfeição de sua natureza. A excelência do cavalo (como Platão disse em algum lugar) encontra-se na perfeição das características que fazem dele um cavalo — força, velocidade, inteligência etc. —, e essas características não podem ser transferidas para outra coisa. Por exemplo, se atribuirmos a uma carriça[17] as características

[17] Pequeno pássaro americano da família dos trogloditídeos. [N. do T.]

que constituem um bom cavalo, teremos um monstro grotesco que não é carriça nem cavalo. Seria impensável uma carriça empoleirada no lombo do cavalo, cavalgando orgulhosamente com a ideia equivocada de que agora atingiu sua plenitude. Não. O cavalo não pode transmitir nada à natureza da carriça que possa aumentar a excelência que ela possui como carriça. Que ela se conheça e busque sua plenitude cantando ao lado do ninho e recolhendo alimento para seus filhotes, sem tentar tomar emprestada uma glória que deve ser totalmente estranha para ela.

O mesmo ocorre com o homem. A excelência de um homem encontra-se na perfeição de sua natureza humana. Deus o criou com poderes que nenhum outro ser possui e deu-lhe um corpo físico por meio do qual ele expressa esses poderes de maneira produtiva. O automóvel possui outra excelência diferente; não pode acrescentar nada à glória do homem.

Nosso Senhor, enquanto cavalgava no lombo de um humilde animal, não perdeu a majestade que lhe pertencia como o homem mais perfeito do mundo; por outro lado, o monstro de aço, caro e reluzente, não dá nenhuma dignidade ao homem insignificante, egoísta e assustado que o está dirigindo. O fato de sentir-se o maioral só acentua sua fraqueza; o fato de ele agir como se fosse o maioral só revela com mais clareza o erro básico de toda a sua filosofia de vida. Ele aceita como verdadeira a ilusão de que é mais poderoso, quando, na verdade, o poder está fora dele. A excelência que imagina ter é a excelência de uma máquina, algo que ele deve partilhar com o cãozinho que se senta a seu lado com a cabeça para fora da janela.

A questão toda é que a excelência humana consiste na perfeição da natureza humana. Não há nada que possa penetrar o interior dos homens para torná-los melhores ou mais dignos. "[...] 'Uma pessoa só pode receber o que lhe é dado dos céus'" (João 3.27). Somente Deus, que fez a natureza do homem em primeiro lugar, pode refazê-la segundo a imagem divina.

A situação terrena do homem não pode acrescentar nada ao que há dentro dele nem tirar. Os mártires que andavam vestidos de pele de cabra ou se escondiam de seus algozes em tocas e cavernas não possuíam nada externo para manter sua autoconfiança ou dar-lhes *status* social. No entanto, no grande dia de Cristo, a excelência do interior deles resplandecerá como o brilho do Sol.

Ao ver o homem dirigindo seu carro com orgulho, não sei por que ele não entende que a verdadeira excelência se encontra no caráter moral, não na beleza ou elegância de uma máquina sem alma. E não sei se ele é incrédulo ou diácono de uma igreja nas proximidades. Uma igreja evangélica talvez. E me preocupo comigo, com os meus, com aqueles por quem sou responsável e com todos aqueles por quem Cristo morreu.

CAPÍTULO 41

Líderes e seguidores

Quando nos chamou de ovelhas, nosso Senhor disse-nos que deveríamos ser seus seguidores; e, quando chamou alguns de nós de pastores, Pedro queria dizer que entre nós deve haver líderes e seguidores.

Pelo fato de a natureza humana ser como é, a necessidade de liderança é indiscutível. Se cinco homens estão navegando à deriva em um barco salva-vidas, um deles assume imediatamente o comando. Não há necessidade de plebiscito. Quatro deles sabem, por uma espécie de intuição, quem é o homem forte e sábio, e, sem nenhuma formalidade, ele assumirá o comando da situação e será o líder.

Todo desastre, todo incêndio, toda inundação elege seus líderes. Nessas ocasiões, as pessoas ouvem, sem questionar, o homem que tem presença de espírito e coragem para assumir o comando. Pensando bem, os mais fracos podem achar errado, mas ficam felizes por ter um líder quando surge um problema.

Entre os cristãos, há também líderes e seguidores. Os seguidores podem não gostar do líder, mas necessitam dele e o seguem também, mesmo que às vezes um pouco mal-humorados.

O ideal seria que as ovelhas seguissem apenas o Chefe Supremo e deixassem de lado todos os outros líderes; e de vez em quando há ocasiões em que uma única pessoa insiste em seguir somente o Senhor e se recusa, por teimosia, a ouvir mestres humanos ou a fazer parte da comunidade cristã. Apesar de respeitarmos o direito de tal pessoa ter suas convicções, é preciso dizer que ela está destinada a ser e permanecer fraca e improdutiva. Ao afastar-se do rebanho do Senhor, ela deixa de desfrutar dos pastos verdejantes e das águas tranquilas.

É necessário haver líderes na igreja de Deus, mas o líder deve ser também um seguidor. Paulo deu-nos o exemplo quando exortou os coríntios: "Tornem-se meus imitadores, como eu o sou de Cristo" (1Coríntios 11.1). Seguir um líder que é um fiel seguidor de Cristo é seguir o Senhor; seguir alguém que não é seguidor de Cristo só traz infelicidade.

Como, porém, podemos ter certeza? Como saber em quem e em que podemos confiar? Na Lei e no testemunho! Se o mestre não fala de acordo com a Palavra de Deus, não há luz nele. Seguir um líder religioso por causa de sua eloquência ou personalidade atraente é percorrer um caminho bastante perigoso. Muitos que fizeram isso só encontraram tristeza e perdas.

O líder verdadeiro e digno de confiança é provavelmente aquele que não tem nenhum desejo de liderar, mas é forçado a assumir a posição de líder pela pressão interior do Espírito Santo e da situação externa. Foi o que ocorreu com Moisés, Davi e os profetas do Antigo Testamento; penso que dificilmente houve um grande líder cristão desde Paulo até hoje, mas ele foi designado pelo Espírito Santo para a tarefa e comissionado pelo Senhor da igreja a ocupar uma posição para a qual ele tinha pouca sensibilidade natural.

Creio que poderia ser aceito como regra prática razoavelmente confiável que o homem que ambiciona liderar não é habilitado para ser líder. A igreja do primogênito não é lugar para demagogos ou ditadores religiosos insignificantes. O líder verdadeiro não deseja ser senhor sobre a herança de Deus; ele é humilde, gentil, abnegado e totalmente pronto para ser seguidor quando o Espírito Santo lhe deixar claro que surgiu alguém mais sábio e mais talentoso que ele.

Não tenho dúvida nenhuma, como costumo dizer com frequência, de que a igreja não está enfraquecendo por causa dos líderes, mas por falta do tipo certo de líder, pois ter o tipo errado é pior que não ter nenhum. É melhor ficar parado do que seguir um cego até o precipício. A história mostrará que a igreja mais prosperou quando foi abençoada com líderes fortes e sofreu o maior declínio quando seus líderes eram fracos e oportunistas. O rebanho raramente vai muito mais longe que o pastor.

É por isso que a democracia desqualificada não é conveniente para a igreja, a menos que cada membro com direito a voto seja cheio do Espírito Santo e de sabedoria. Colocar o trabalho da igreja nas mãos do grupo é trocar um líder por muitos; e, se o grupo é composto de professores humanos, é trocar um líder fraco por vários líderes ineficientes. Cem cegos não conseguem enxergar melhor do que um.

O líder ideal é aquele que ouve a voz de Deus e convoca o povo quando a voz o chama e chama as pessoas. Mas infelizmente nem todos os líderes são ideais. Muitos lideram seguindo outros. Uma das cenas mais cômicas das atividades religiosas do mundo inteiro é ver determinado líder tentando descobrir a direção na qual as pessoas desejam que ele as lidere e depois correndo na frente delas e tentando ser parecido com Moisés quando saiu do Egito. Esse líder enviará um balão experimental e depois seguirá corajosamente na direção do vento, fazendo o melhor para criar a impressão de que o vento o consultou antes de começar a soprar.

Se isso lhe parecer rígido demais, permita-me insistir que está muito aquém da verdade. Toda cidade possui seu líder religioso que gosta de ter grande reputação como importante membro da igreja, que nunca se posiciona a respeito de nada até saber qual é a opinião do público e ter uma certeza razoável de que estará do lado da maioria, ou pelo menos da minoria importante. Esse homem é um mercenário e será julgado e descartado como mercenário no dia de Cristo.

Devemos orar para que o Senhor nos envie líderes; em seguida, devemos orar por esses líderes quando surgirem.

Esta obra foi composta em *Adobe Caslon Pro*
e impressa por Promove Artes Gráficas sobre papel
Pólen Soft 70 g/m² para Editora Vida.